Kinderfeste

DIE SCHÖNSTEN REZEPTE

Kinderfeste

DIE SCHÖNSTEN REZEPTE

Geschrieben hat's: SUSANNE KLUG
Fotografiert hat's: COCO LANG
Illustriert hat's: KATJA MUGGLI

WO FINDE ICH WAS?

MEIN STERNCHEN, MEIN ENGEL, MEIN PIRAT, ACH ... MEIN SÜßER KÄFER!

Wie schnell die Zeit vergeht ... Bald ist schon wieder ein Jahr rum, und der Geburtstag Ihres Kindes steht vor der Tür. Sicher ist die Vorfreude auf das bevorstehende Ereignis jetzt schon riesengroß, und Sie können die Frage »Mami, wie oft muss ich noch schlafen, bis ich Geburtstag habe?«, genau in diesem, nämlich im Schlaf, beantworten. Natürlich möchten Sie Ihrem Kleinen ein ganz besonderes Fest ausrichten. Der schönste Tag im Jahr soll für alle, das Geburtstagskind, die Gäste und Sie als Eltern in toller Erinnerung bleiben.

Kinder glücklich zu machen ist ganz einfach. Ein zuckersüßer Kuchen, ein paar Kerzen zum Auspusten und ein kleines Lied, von Ihnen gesungen. Schon strahlt Ihr Kind über beide Ohren und freut sich über den Tag, an dem es ganz und gar im Mittelpunkt stehen darf. Und ist das nicht schön, die leicht verschämte, aber unbändige Freude in den Augen der Kleinen zu sehen? Kann man das noch toppen? Kuchen, Kerzen und Gesang? Und die Glitzeraugen mit dem Honigkuchengrinsen?

Toppen muss nicht sein, aber über etwas Neues, Aufregendes, Spannendes und Kreatives wird sich Ihr Geburtstagskind sicherlich ebenfalls wahnsinnig freuen – und dabei kein bisschen weniger strahlen!

Und natürlich liegt die Freude auch bei uns, den Mamas und Papas. Nicht nur gestalten wir mit einem besonderen Fest ein unvergessliches Ereignis für unsere Kinder, nein, wir freuen uns doch wie wild, wenn Girlanden, liebevoll gebackener Kuchen, süß verzierte Naschereien und sehnlichst erwartetes Abendbrot die Kleinen in »Ohs!« und »Ahs!« ausbrechen lassen. Da haben sich doch jede Sekunde Vorbereitung und Mini-Stress gelohnt und sind ganz schnell wieder vergessen.

Die zwölf Ideen für unvergessliche Kinderfeste stehen jede unter einem anderen Motto. So können Sie Ihrer kleinen Prinzessin ein wunderschönes Kostümfest bereiten, Ihrem Sohn, der Schnee über alles liebt, eine weiße Party ausrichten oder mit Ihrem Engelchen in Adventsstimmung feiern. Für alle ist hier etwas dabei! Suchen Sie sich gemeinsam mit Ihrem Kind ein Lieblingsmotto aus, und feiern Sie zu jeder Jahreszeit ein wunderschönes Fest! Und ist es in diesem Jahr eine gruselige Halloweenparty, wird es vielleicht im nächsten Jahr ein purpurrotes Erdbeerfest ... Wer weiß? Blättern Sie durchs Buch, und lassen Sie sich jedes Jahr aufs Neue inspirieren. Ich wünsche Ihnen und Ihrem süßen Geburtstags-Schatz eine schöne, aufregende und glückliche Feier, guten Appetit bei all den Party-Gerichten und selbstverständlich: Happy Birthday und Alles Gute!

Viel Spaß!
Ihre Susanne Klug

Heute wird gefeiert

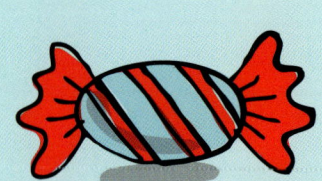

Ihr Schatz und seine Freunde freuen sich auf ein ganz besonderes Fest mit einem aufregenden Motto! Ein Fest, das die Geburtstagsgesellschaft bestimmt lange Zeit nicht vergessen wird. Damit der Tag auch für alle Mamas und Papas in schönster Erinnerung bleibt und nicht Vorbereitungsstress und Chaos die Freude überdecken, kommen hier die wichtigsten Tipps und Ideen rund um Planung, Organisation und Durchführung des schönsten Tages im Jahr.

EINE BESONDERE PARTY FÜR EINEN BESONDEREN SCHATZ

Der Geburtstag Ihres Kindes oder ein anderer ganz besonderer Anlass stehen vor der Tür, und schon tauchen blitzschnell eine Menge Fragen auf: Wie und wo soll gefeiert werden? Ist das nicht irre viel Stress, so eine ganze Horde Kinder im Haus – ausgelassen am Feiern? Was wollen die kleinen Gäste essen und trinken? Welche Spiele machen den Kindern Spaß? Wie sieht die Deko aus und – schaffe ich das alles auch ganz alleine? Ach... wo soll ich bloß anfangen?

Keine Angst vor der eigenen Courage

Es macht ganz den Eindruck, als wenn die Organisation eines Festes mit einer Menge Arbeit verbunden ist. Deshalb wird auch nicht selten die Feier ins Kino oder auf den Spielplatz verlegt, damit die Kinder gut aufgehoben sind. Schnell einen Fertigkuchen backen, ein paar Würstchen warm machen (dagegen ist nichts einzuwenden), Brötchen dazu – fertig! Muss doch ausreichen, die schnelle und einfache Variante. Und, das muss man auch sagen dürfen, oftmals reicht das auch völlig aus. Die Kinder sind sich selbst genug und tragen sich mit viel Fantasie und unglaublichen Ideen durch den ganzen Nachmittag.

Möchten Sie aber eine ganz besondere Party für Ihren großen Schatz organisieren, weil er ja schließlich nur einmal im Jahr Geburtstag hat, dann glauben Sie mir: Sooo viel Arbeit ist das Ausrichten einen tollen Festes mit einem spannenden Motto gar nicht! Oftmals ist es sogar einfacher, denn durch alles zieht sich ein roter Faden, und mit guter Planung und Organisation lässt sich das Meiste vorbereiten. Das Fest bleibt so – auch für Sie – in schönster Erinnerung.

Gemeinsam ans Werk!

Je früher Sie mit der Planung beginnen, desto größer ist die Vorfreude Ihres Kindes auf das bevorstehende Ereignis, und Sie können gemeinsam alles vorbereiten. Am Festtag selbst bleibt dann – auch für Mama und Papa – genug Zeit zum Freuen und Feiern.

Fragen Sie Ihr Kind, welche Motto-Party es feiern möchte. Es hat bestimmt Vorlieben und sucht sich aus den zwölf Party-Ideen sein liebstes Thema aus. Gemeinsam können Sie sich nun an die Vorbereitungen machen. Überlegen Sie, wer zur Feier kommen soll, was es zu essen und trinken geben wird und wie die Dekoration aussehen soll. Den Einkauf können Sie gemeinsam planen und kurz vor der Feier durchführen. Deko basteln und den Partyraum verzieren – auch hier kann Ihr Kind mit anpacken.

Planen und Vorbereiten

Um Ihnen die Vorbereitung so leicht wie möglich zu machen, haben wir in jedem Kapitel einen Infokasten "Planen und Vorbereiten" untergebracht mit Angaben, wann man die einzelnen Gerichte am besten vorbereitet.

Besonders viel Spaß macht das Planen mit dem persönlichen Partyplaner rechts, den Sie und Ihr Kind einfach kopieren und Jahr für Jahr aufs Neue ausfüllen können. Aber nicht vergessen: Überraschen Sie Ihren kleinen Schatz trotz gemeinsamer Planung mit dem selbst gebackenen Geburtstagskuchen und anderen Kleinigkeiten.

DAS IST NOCH ZU TUN:

❤ Tag und Uhrzeit für die Feier festlegen _____

❤ Gästeliste erstellen _____

❤ Einladungen schreiben und verteilen _____

❤ Dekoideen sammeln _____

❤ Einkaufsliste schreiben _____

❤ Deko und Lebensmittel besorgen _____

❤ Deko basteln _____

❤ Tütchen für Gastgeschenke besorgen _____

❤ Spiele-Ideen sammeln _____

❤ Auf die Party im nächsten Jahr freuen

AUF DIE PLÄTZE, FERTIG, LOS!

Wie lange feiern?

Für eine Feier mit Kindern sollten Sie nie länger als 3, maximal 3 1/2 Stunden (je nach Alter der Kinder) einplanen. Am besten beginnt die Party am Nachmittag und endet mit dem gemeinsamen Abendessen gegen 18 Uhr. Die Kinder sind am frühen Abend bestimmt hundemüde und fallen, bei einem rechtzeitigen Ende, glücklich in die Federn. Erwischen Sie den Punkt nicht und feiern die Party quasi mit »open end«, tun Sie den Kindern und deren Eltern keinen Gefallen. Am besten endet die Feier dann, wenn sie am schönsten ist.

Termin
Versuchen Sie den Zeitpunkt des Festes auf einen **Freitag** oder das **Wochenende** zu legen, so sitzen den Kindern nicht die Hausaufgaben im Nacken, und es kann ausgelassen gefeiert werden. Und: Nachfeiern verspricht eine Extra-Portion Vorfreude.

Wer feiert mit?

Eine alte Faustregel besagt: Lade immer nur so viele Gäste ein, wie alt du wirst. Das würde ich sofort unterschreiben! Ersparen Sie Ihrem Kind eine Horde Gäste – denn es kann unmöglich so vielen Freunden gerecht werden.

Fragen Sie, wen es am liebsten dabei haben möchte. Wenn Ihr Kind mehr Gäste als die Zahl seines Alters einladen möchte, versuchen Sie, ein bisschen zu verhandeln. Natür-lich ist es nicht schlimm, wenn am achten Geburtstag neun Kinder zu Besuch kommen (eine gerade Anzahl Kinder ist sowieso für Spiele und Aktivitäten viel besser), nur bitte nicht doppelt so viele.

Vergewissern Sie sich, bevor Sie die Einladungen verschicken, dass die beste Freundin/der beste Freund Ihres Kindes am Tag der Feier nicht schon andere Pläne hat. Es wäre für Ihr Kind bestimmt traurig, wenn das Fest ohne sie/ihn stattfindet.

Wer bist du?

Vielleicht ist ein neuer Schüler in die Klasse Ihres Kleinen gekommen und konnte noch nicht so recht Anschluss finden? Eine Geburtstagsfeier ist eine tolle Gelegenheit für den Neuankömmling, seine Klassenkameraden im kleinen Kreis besser kennenzulernen – und andersherum ebenso. Eine Vorstellungsrunde zu Beginn der Feier bei Kuchen und Saft ist für alle Kinder unterhaltsam und deckt immer wieder neue Seiten auf. Mögliche Fragen für die Vorstellungsrunde: Welches ist dein Lieblingstier? Deine Lieblingsfarbe? Was möchtest du mal von Beruf werden? Welches Buch magst du besonders gerne? Wohin würde eine Traumreise für dich hingehen? Und immer beliebt: Wie heißt dein Lieblingsessen, und weißt du auch, wie es zubereitet wird?

Die Einladung

Geburtstagskinder sind meist schon beim Verteilen der Einladungen so aufgeregt wie am Tag der Feier selbst. Ab jetzt ist die Vorfreude nicht mehr zu bremsen.

Folgende Dinge sollten auf der Einladung stehen:

❤ Datum und Uhrzeit

❤ Ort, mit Wegbeschreibung

❤ Dinge die man mitbringen sollte, z. B. ein weißes T-Shirt zum Bemalen, Gummistiefel, Mütze, Schal und Handschuhe, Badehose/-anzug, Kochschürze etc.

❤ Schreiben Sie ggf. auch auf die Einladung, dass die Feier mit einem gemeinsamen Abendessen endet, so wissen die Eltern, dass die Kinder satt abgeholt werden können

❤ Geben Sie die genaue Uhrzeit für das Party-Ende an

❤ Damit Sie besser planen können, bitten Sie um Zu- oder Absage bis zu einem bestimmten Datum

Schicken Sie die Einladungen ca. drei Wochen vor der Feier an die Eltern und fragen Sie ruhig nach, sollten Sie von einigen keine Zu- oder Absage erhalten haben. Auch eine Einladung kann mal verloren gehen.

(Unter www.gu.de/kinderfeste finden Sie Vorlagen für Einladungen, die Sie einfach herunterladen können.)

Fleißige Helfer

Kommen mehr als vier Kinder zu der Feier, bitten Sie eine befreundete Mutter, Ihren Babysitter, die große Schwester oder eine Cousine, Ihnen bei der Betreuung der Kinder zu helfen. Viele Väter nehmen sich auch gerne den Tag frei und sind bei den Kindern meist gefragte Alleinunterhalter. Kuchen schneiden, Getränke einschenken, Spiele durchführen und Eltern begrüßen, das geht nicht alles gleichzeitig – ein bisschen Hilfe ist hier nötig.

Spiele und Aktivitäten

Nachdem sich Ihr Kind seine Mottoparty ausgewählt hat, können Sie nun ans Planen der Aktivitäten gehen. Nehmen Sie sich nicht zu viel vor, denn das artet schnell aus. Drei bis vier Spiele-Ideen reichen meist völlig aus. Wenn Sie merken, dass ein Spiel nicht so gut ankommt, brechen Sie es ruhig früher ab. Ein anderes, das für Begeisterung sorgt, kann dafür umso länger gespielt werden.

Bei allen zwölf Party-Ideen gibt es auch Anregungen, wie die Gäste bei der Zubereitung einer Leckerei helfen können – das macht den Kleinen sowieso den größten Spaß. (Der Button »Mitmachen« zeigt Ihnen bei jeder Party-Idee, wo das sinnvoll ist.) Achten Sie hier darauf, dass nicht alle Kinder gleichzeitig verzieren und dekorieren; maximal vier Kinder zusammen mit Ihnen in der Küche sind mehr als genug. Die anderen dürfen in der Zwischenzeit die Speisekarte oder Namensschilder malen.

Erinnerung für das Geburtstagskind

Legen Sie eine große weiße Tischdecke (ein weißes Bettlaken tut es auch) oder ein weißes T-Shirt auf den Boden und stellen Sie bunte Textilstifte dazu. Jeder Gast darf sich nun mit Wünschen, Bildern und natürlich dem Namen verewigen. So hat Ihr Kind eine Erinnerung an das schöne Fest. Sie können noch: »Luises Erdbeerfest am 12. Mai 2010« dazuschreiben. Wetten, Luise freut sich in 20 Jahren darüber?

Flaschen drehen mal anders

Soll das Geburtstagskind die Geschenke in Ruhe auspacken, dann ist es sinnvoll, wenn sich alle Kinder mit ihren Geschenken auf dem Schoß in einen Kreis setzen. Das Geburtstagskind darf in der Mitte eine Flasche drehen und packt das Geschenk aus, auf dessen Geber der Flaschenkopf zeigt. So hat es Ruhe zum Auspacken und Anschauen, die Freunde können mitstaunen, und das Bedanken kommt auch nicht zu kurz. Für das Auspacken per Flaschendrehen können Sie pro Gast bzw. Geschenk ruhig 3–5 Minuten einplanen.

Wo wird gefeiert?

Im ersten Moment schreckt die Vorstellung von einer wilden Horde Kinder in den eigenen vier Wänden sicher ab. Doch auch hier ist Vorbereitung alles. Wenn Sie die Feier nicht nach draußen verlegen können, richten Sie ein Zimmer zum Feiern kindgerecht her. Es macht keinen Sinn, wenn Sie gestresst dabeistehen und mit nervösem Blick Glastisch, Porzellanvase und teure Elektronik bewachen. Räumen Sie weg, was geht und lassen Sie den Kindern so viel Spielfläche wie möglich. Den Tisch mit Leckereien und Geschenken können Sie in einer Ecke platzieren und das Sofa mit Laken abdecken. Je weniger herumsteht, desto weniger kann man stolpern und fallen. Am besten ist es, wenn Kuchenschlacht und Abendessen an einem separaten Tisch stattfinden. Kein Problem, wenn dieser in einem anderen Raum steht. Bei einer kleinen Stärkungspause können die Gäste immer wieder ein paar Snacks und Getränke im Sitzen genießen.

Übrigens:
Alle Rezepte sind für **SECHS** kleine Gäste

Putzteufel
Putzen Sie bitte erst nach der Party. Brösel, Schnipsel und Kleckserei sind bei so vielen Kindern unvermeidbar. Also lieber nach der Feier einen großen Müllsack packen und einmal gründlich durchwischen.

Im Freien feiern?

Haben Sie die Möglichkeit dazu, dann nutzen Sie dies bei trockenem Wetter unbedingt aus. Zu vielen der Motto-Ideen passt das Feiern und Spielen unter freiem Himmel sehr gut. So macht die Erdbeerparty im Grünen sicher mehr Spaß (vielleicht planen Sie ja den Besuch beim Erdbeerfeld mit ein), und auch Piraten suchen den Goldschatz lieber auf Bäumen, hinter Büschen oder im hohen Gras.

Sollten Sie in der Nähe eines Parks wohnen, lohnt sich der kleine Marsch dorthin, und Kuchen, Mini-Snacks und Drinks schmecken ebenso gut auf einer Picknickdecke. Das Abendessen können Sie ja dann zu Hause servieren. Für Feste im Freien eignet sich Pappgeschirr am besten. Vergessen Sie den großen Müllsack nicht, dann können Sie Müll und Reste gleich entsorgen.

Deko und mehr

Ein bisschen Zeit für Dekoration und Ausstattung des Festes sollten Sie sich nehmen. Oft reichen ein paar Kleinigkeiten, die man je nach Jahreszeit überall kaufen kann, um Tisch und Raum toll zu gestalten. Blümchen, bunte Früchte, Luftballons und Girlanden, Tannenzweige und Kürbisse – alles macht viel her, und der Aufwand bleibt gering. Ideen zu schneller und pfiffiger Deko finden Sie in den einzelnen Kapiteln.

Was immer hübsch aussieht, ist eine Girlande. Natürlich dem Motto entsprechend. Lassen Sie sich beim Basteln helfen, denn Ausschneiden, Kleben und Verzieren macht jedem Kind großen Spaß, und das Ergebnis bleibt bestimmt noch über die Feier hinaus hängen. (Die Bastelanleitungen für die zwölf passenden Girlanden zu jedem Fest stehen auf Seite 16.)

Essen und Trinken?

Zu jeder Geburtstagsfeier gehört natürlich ein Kuchen. Snacks und Knabbereien sowie süße Naschereien und coole Drinks dürfen auch nicht fehlen. Jedoch ist es wichtig, dass Sie bei den Vorbereitungen nicht stundenlang in der Küche stehen. Viele Gerichte können Sie schon am Tag vorher zubereiten und im Kühlschrank aufbewahren. Die meisten Snack-Ideen sind auf das Thema abgestimmt und laden so zum Probieren ein.

Da ich von Bastelei mit Nahrungsmitteln nicht allzu viel halte, ist dies auf nur wenige Rezepte beschränkt. Ich finde: Mit Liebe zubereitet und verziert, in den passenden Größen und Farben angerichtet, kommt etwas Einfaches bestimmt ebenso gut an wie stundenlang vorbereitete Türme aus allerlei nicht identifizierbaren Zutaten.

Elternratsch

Wenn Sie noch Lust auf einen Ratsch mit Eltern beim Abholen haben, dann stellen Sie zur Sicherheit eine Flasche Prosecco und etwas Saft kalt. Gerne dürfen auch die Eltern probieren, was die Kleinen genascht haben – wenn noch etwas übrig ist. Als salzigen Snack können Sie ein paar Köstlichkeiten bereitstellen: z.B. spanische Oliven, Käse und 2–3 Fuet (spanische Salami) zum Abschneiden sowie Baguette oder Bauernbrot. Der Aufwand ist minimal, die Freude aber sicher groß!

Bleiben Sie gelassen

Ganz wichtig: Egal wie groß das Chaos ist, das bei der Feier entsteht, lassen Sie die Kleinen toben und bleiben Sie ruhig. Natürlich darf das Toben nicht ausarten, bis Gegenstände kaputt gehen oder Kinder weinend auf dem Boden liegen. Hier ist frühzeitiges Einschreiten nötig. Hält sich der Trubel allerdings in Grenzen, atmen Sie lieber zwei, drei Mal durch, und versuchen Sie die wilden Mäuse bei einem stillen Spiel zur Ruhe zu bringen. Sie werden sehen, die etwas sensibleren unter den Gästen werden es Ihnen danken.

Tanz aus der Reihe

Wenn mal ein Kind ganz und gar nicht vom Toben abzubringen ist, nehmen Sie es zu sich in die Küche, und bereiten Sie mit ihm den nächsten Snack zu (natürlich geht das nur, wenn Sie eine weitere Hilfe haben, die sich um den Rest der Bande kümmern kann). Loben Sie den kleinen Treibauf, wie gut er Ihnen hilft und wie wichtig es ist, dass er Ihnen gerade jetzt zur Seite steht. Sie werden sehen, ganz schnell ist Ruhe eingekehrt, und Toben und Schreien sind vergessen.

MOTTO-GIRLANDEN FÜR ZWÖLF UNVERGESSLICHE FESTE

Eine selbst gebastelte Girlande ist die größte Freude für Ihr Kind und lässt jeden Gast sofort das Motto der Party erkennen. Platzieren Sie den Tisch mit Leckereien gleich in der Nähe oder direkt unter der Girlande, und der Gesamteindruck wird noch stimmiger.

Schneeparty – Schneemanngirlande

Das brauchen Sie: weißes, schwarzes und orangefarbenes Tonpapier, Schere, Kleber, Wäscheleine, Wäscheklammern

So geht's: Schneiden Sie je 12 große, mittelgroße und kleinere weiße Kreise aus. Aus schwarzem Papier 12 Hüte und kleine runde Kreise für die Kohleknöpfe, die Augen und den Mund ausschneiden. Aus orangefarbenem Papier 12 Möhren ausschneiden. Kleben Sie je 3 Kreise und 1 Hut aneinander und kleben Sie Knöpfe, Nase, Mund und Augen auf den Schneemann. Die Schneemänner mit Wäscheklammern an der Wäscheleine festklemmen.

Kostümfest – Mix-and-match-Girlande

Das brauchen Sie: lustige Hüte, Faschingsmasken, rote Clownnasen, Luftschlangen, Prinzessinnenkrone, Wäscheklammern, Wäscheleine

So geht's: Alles durcheinander mit den Wäscheklammern an der Leine befestigen.

Frühlingsfest – Blumengirlande

Das brauchen Sie: frische Blumen, buntes Tonpapier, Schere, Kleber, Wäscheklammern, Wäscheleine

So geht's: Aus Tonpapier kleine Gießkannen ausschneiden. Die Blumen und Gießkannen mit den Wäscheklammern an die Wäscheleine hängen.

Osterparty – Ostereiergirlande

Das brauchen Sie: Bindfaden, Streichhölzer, bunt gefärbte ausgeblasene Eier, 1 Wäscheleine

So geht's: Den Bindfaden in verschiedene Längen schneiden. Je 1 Stück Bindfaden um 1 Streichholzhälfte knoten. Je 1 Streichholz in ein Ei stecken. Die Eier in verschiedenen Längen an die Leine binden.

Marienkäferparty – Marienkäferlichterkette

Das brauchen Sie: ca. 12 rote Plastikbecher, 12 Teelichter, schwarzer wasserfester Stift, Wäscheklammern, Wäscheleine

So geht's: Auf jeden Becher mit dem Stift schwarze Punkte malen. Die Teelichter in den Bechern verteilen und die Becher mit den Wäscheklammern an die Leine hängen.

Erdbeerfest – Erdbeergirlande

Das brauchen Sie: rotes, pinkfarbenes, grünes und braunes Tonpapier, Schere, Kleber, Wäscheklammern, Wäscheleine

So geht's: Aus rotem und pinkfarbenem Tonpapier Erdbeeren in verschiedenen Größen ausschneiden. Aus grünem Papier Kelchblätter ausschneiden. Kleine Kreise aus braunem Tonpapier ausschneiden (z. B. mit dem Locher). Kelchblätter und braune Tüpfchen auf die Erdbeeren kleben. Die Erdbeeren mit den Wäscheklammern an die Leine hängen.

Grillfeier – Würstchengirlande

Das brauchen Sie: buntes Tonpapier in knalligen Farben, Schere, Wäscheklammern, Wäscheleine

So geht's: Aus Tonpapier bunte Würste in verschiedenen Größen ausschneiden. Die Papierwürste mit den Wäscheklammern an die Leine hängen.

Piratenfest – Totenkopfgirlande

Das brauchen Sie: weißes und schwarzes Tonpapier, Schere, Kleber, Wäscheklammern und Wäscheleine

So geht's: Aus weißem Tonpapier Totenköpfe ausschneiden. Das schwarze Tonpapier in Flaggenform zuschneiden, die Totenköpfe daraufkleben. Die Piratenflaggen mit den Wäscheklammern an der Leine befestigen.

Farbenparty – bunte Pompons

Das brauchen Sie: buntes Seidenpapier (8 Blätter pro Pompon), dünnen, biegsamen Draht, Schere

So geht's: Je 8 Seidenpapierblätter übereinanderlegen und hochkant alle 3 cm zu einem Fächer falten. Ein Stück Draht um die Mitte legen, ein Ende als Aufhängung länger lassen. Die Papierenden mit der Schere abrunden. Ein Papier nach dem anderen von der Mitte her auffalten. Die bunten Pompons am Drahtende mit Tesafilm in verschiedenen Höhen an der Decke befestigen.

Halloween – Gespensterchen

Das brauchen Sie: je 4 Blätter weißes und silbernes Seidenpapier, 8 große Wattekugeln, weiße Schnur, schwarzer Stift, Wäscheleine

So geht's: Je 1 Blatt Seidenpapier um die Wattekugeln legen und darunter mit einem Faden zusammenbinden. Den Faden für die Aufhängung länger lassen. Zwei Mini-Enden des Seidenpapiers mit je einem Faden umwickeln, die beiden Fäden ebenfalls zum Aufhängen länger lassen. Alle drei Fäden an der Leine befestigen. Mit dem Stift das Gespenstergesicht auf die Kugeln aufmalen.

Schokoladen-Party – Buchstabengirlande

Das brauchen Sie: braunes Tonpapier, Schere, Wäscheklammern, Wäscheleine

So geht's: Aus dem Tonpapier große Buchstaben für das Wort Schokolade ausschneiden. Die Buchstaben mit den Wäscheklammern an die Leine hängen.

Advent – Weihnachtsgirlande

Das brauchen Sie: grünes, rotes, pink- und lilafarbenes Tonpapier. Schere, Kleber, Glitzerstifte und Glitzersteine, Wäscheklammern, Wäscheleine

So geht's: Aus dem bunten Papier in allen Farben Tannenbäumen, Sterne, Geschenkpäckchen und Kerzen ausschneiden. Die Weihnachtsmotive mit Glitzerstiften und Glitzersteinen bunt verzieren und mit den Wäscheklammern an die kreuz und quer gespannte Leine hängen.

SCHNEEPARTY

Da draußen ist es klirrend kalt, und es herrschen Schnee und Frost. Drinnen dampfen die Tassen, und die kleinen Gäste wärmen sich beim schneeweißen Partyzauber an heißer Schokolade. Eis-Törtchen mit Schnee-haube schmelzen auf der Zunge, und Pudelmützen landen nicht auf dem Kopf, sondern im Mund. Ganz schön heiß, so eine kalte Schneeparty!

KÄSESTANGEN MIT SCHNEEWEISSEM DIP

1 Den Backofen auf 200° (Umluft 180°) vorheizen. Ein Backblech mit Backpapier auslegen. Die Blätterteigplatten nebeneinander legen und auftauen lassen.

2 Die aufgetauten Teigplatten mit Käse bestreuen und mit Paprika, Salz und Pfeffer würzen. Jede Platte längs in 5 Streifen schneiden. Die Käsestangen vorsichtig auf das Blech legen und im Ofen (Mitte) 15 Min. backen.

3 Inzwischen für den Dip den Frischkäse mit der Milch glatt rühren, mit Honig, Salz und Pfeffer abschmecken. Die Käsestangen in hohe Gläser stellen und mit dem Dip anrichten.

Variante: Schinken-Käse-Stangen

Besonders würzig schmecken die Käsestangen mit 50 g in kleine Würfel geschnittenem Rohschinken. Diese mit dem Käse und den Gewürzen mischen und auf die Teigstangen streuen.

Für 12 knusprige Stück:
6 rechteckige Platten
 TK-Blätterteig (ca. 400 g)
12 EL Pecorino, frisch gerieben
2 EL Paprikapulver
Salz | Pfeffer
Für den Dip:
200 g Frischkäse
6 EL Milch
1 EL Akazienhonig
Salz | Pfeffer

Zubereitung: 15 Min.
Backen: 15 Min.

Erst mal Mützen ausziehen und aufwärmen! Die lustigen Marshmallow-Mützen verschwinden dann mit einem Happs in den Kindermägen!

MARSHMALLOWS MIT PUDELMÜTZE

1 In jeden Marshmallow 1 Zahnstocher stecken. Die Schokolade im Wasserbad bei schwacher Hitze schmelzen lassen.

2 Die Marshmallows zur Hälfte in die Schokolade tauchen, die Schokolade kurz antrocknen lassen. Auf jede Schokomütze 1 Zuckerperle drücken und die Schokolade fest werden lassen.

3 Die Styroporringe eventuell mit Geschenkband verzieren. Die Pudelmützen-Marshmallows mit den Zahnstochern in die Ringe stecken und auf dem Geburtstagstisch verteilen.

Variante: Rote Pudelmützen

100 g weiße Schokolade im Wasserbad bei schwacher Hitze schmelzen lassen und mit 1 Päckchen roter Lebensmittelfarbe rot einfärben. Die Marshmallows in die rote Schokolade tauchen und wie beschrieben fertig stellen.

Für ca. 30 süße Häppchen:
1 Tüte Marshmallows
   (ca. 280 g)
100 g Zartbitterschokolade
ca. 30 erbsengroße
   Zuckerperlen
Außerdem:
ca. 30 Zahnstocher
2 Styroporringe
Geschenkband nach Belieben

Zubereitung: 15 Min.

KÄSESPÄTZLE

1 Den Backofen auf 200° (Umluft 180°) vorheizen. Für den Teig das Mehl mit den Eiern und ca. ¼ l lauwarmem Wasser zu einem zähflüssigen Teig rühren. Etwas Salz unterrühren. Einen Topf mit Salzwasser zum Kochen bringen, dann die Temperatur runterstellen, sodass das Wasser leicht siedet. Portionsweise Teig in den Spätzlehobel füllen und Spätzle ins Wasser hobeln. Aufwallen lassen und kochen, bis die Spätzle aufsteigen. Die fertigen Spätzle mit dem Schaumlöffel abnehmen, abtropfen lassen und in eine ofenfeste Form geben.

2 Auf die erste Schicht Spätzle Käse streuen. Darauf die nächste Schicht Spätzle geben und Käse darüber. So fortfahren und mit Käse abschließen. Die Sahne mit der Brühe mischen, mit Salz und Pfeffer würzen. Die Sahne über die Spätzle geben. Die Spätzle im Ofen (oben) 15–20 Min. überbacken.

Tipp: Nett serviert
Die Spätzle in sechs kleine ofenfeste Förmchen verteilen. Die Spätzle darin überbacken und servieren.

Für 6 kalte Nasen:
500 g Mehl
5 Eier (Größe M)
Salz
300 g Emmentaler, frisch gerieben
100 g Sahne
100 ml Gemüsebrühe
Pfeffer

Zubereitung: 25 Min.
Backen: 20 Min.

Meine Gäste

Mein Party-Motto
Deko für die Motto-Party

Das gibt's zu essen und zu trinken

Die passenden Spiele + Aktivitäten

PLANEN UND VORBEREITEN
1 Tag vor der Party:
Marshmallows mit Pudelmütze zubereiten
Eisbergtörtchen backen und Schneetopping vorbereiten
Schneepralinen zubereiten
Am Tag der Party:
Eisbergtörtchen mit Schneetopping bestreichen
Käsespätzle vorbereiten, kurz vor dem Servieren nur noch in den Ofen schieben
Käsestangen und Dip zubereiten
Heiße Schokolade frisch zubereiten

DEKOTIPP

Für **Schneeflocken-Teller** eine Schneeflocke als Schablone ausschneiden (s. Bild Seite 27). Auf bunte Teller legen und mit Puderzucker bestäuben. Die Schablone wegnehmen. **Schneeball-Kette:** Weiße Wattebällchen mit Nadel und Faden aneinanderreihen. Zuknoten und jedem Gast um den Hals hängen. Auf **weiße Luftballons** mit buntem wasserfestem Stift Eiskristalle malen. Mit **Eiskristallspray** an Fenster und Türen glitzernde Schneewelten zaubern.

EISBERGTÖRTCHEN

1 Die Papierförmchen in die Muffinmulden setzen. Den Backofen auf 180° vorheizen. Den Zucker mit der Butter cremig schlagen. Die Eier nacheinander unterrühren. Das Mehl mit Vanillezucker, Backpulver und 1 Prise Salz mischen und unter den Teig rühren. Die Sahne schlagen und mit einem Holzlöffel unter den Teig heben.

2 Den Teig bis knapp unter den Rand in die Muffinförmchen füllen und im Ofen (Mitte, Umluft 160°) 25 Min. backen. Das Blech herausnehmen und die Törtchen abkühlen lassen.

3 In der Zwischenzeit für das Topping den Frischkäse mit Puderzucker und Kokosflocken verrühren. Die Creme mit einem Messer großzügig auf die ausgekühlten Törtchen streichen, dabei Spitzen formen. Die bunten Kerzen in die Törtchen stecken und vor der Kuchenschlacht anzünden.

Variante: Verschneite Törtchenlandschaft
Belegen Sie einen großen Kuchenteller mit weißer Watte. Verteilen Sie die Törtchen auf dem Teller und bestreuen Sie Törtchen und Watte großzügig mit Kokosflocken. Zuckersüßer geht's nicht!

Für 12 cremige Stück:
160 g Zucker
200 g weiche Butter
4 Eier (Größe M)
300 g Mehl
2 Päckchen Vanillezucker
2 TL Backpulver | Salz
200 g Sahne
Für das Topping:
100 g Frischkäse
100 g Puderzucker
100 g Kokosflocken
Außerdem:
1 Muffinblech mit 12 Mulden
12 Papierbackförmchen
kleine bunte Kerzen

Zubereitung: 20 Min.
Backen: 25 Min.

WEISSE HEISSE SCHOKOLADE

Für 6 Gläser à 300 ml Inhalt:
1,2 l fettarme Milch (1,5%) ++ 200 g weiße Schokolade ++ Zimtpulver
Außerdem:
Kokosflocken zum Verzieren ++ bunte Trinkhalme

Zubereitung: 10 Min.

1 Die Milch in einem Topf erwärmen, nicht kochen. Die Schokolade in Stücke brechen und in der Milch auflösen. Die Schokoladenmilch mit etwas Zimt abschmecken.

2 Die Kokosflocken auf einem flachen Teller verteilen. Sechs hohe Gläser mit dem Rand in Wasser tauchen, danach in die Kokosflocken. So entsteht ein weißer Rand. Die Schokomilch in die Gläser füllen und mit bunten Trinkhalmen servieren.

Schneekugeln formen und in Zucker oder
Kokosflocken wälzen

FÜR JEDEN GAST:

SCHNEEPRALINEN

1 Die Baisers im Blitzhacker fein zermah-
len. Mit dem Frischkäse und Zucker
verkneten und für 30 Min. in den Kühlschrank stellen.

2 Aus der kalten Masse kleine Schneekugeln formen und in Zucker bzw. Kokosflocken wälzen. Im Kühlschrank für
30 Min. kalt stellen (bzw. bis die Kugeln
gebraucht werden). Für jeden Gast sechs
Schneekugeln in ein Zellofantütchen
geben und mit einer bunten Schleife
zubinden.

Für ca. 36 süße Kugeln:
300 g Baisers oder Merenguen
150 g Frischkäse
50 g Puderzucker
Außerdem:
Zucker und Kokosflocken
  zum Verzieren
6 Zellofantütchen
bunte Bänder

Zubereitung: 25 Min.
Kühlen: 1 Std.

KOSTÜMFEST

Die starke Pippi, der mutige Cowboy, die bildhübsche Prinzessin und der gefährliche Bankräuber – sie alle treffen sich auf dem Kostümfest. Kinder lieben es, sich zu verkleiden und schlüpfen mit Begeisterung in ihre liebsten Rollen. Mit pinkfarbener Prinzessinnen-Bowle, Luftschlangen im Salat und coolen Cowboy-Fritten wird die Kostümparty ein Riesenhit!

LUFTSCHLANGENSALAT

1 Den Backofen auf 180° (Umluft 160°) vorheizen. Die Gurke und die Möhren schälen und putzen, die Gurke quer halbieren. Mit dem Sparschäler von Gurke und Möhren lange dünne Streifen abschälen. Die Paprikaschoten waschen, vierteln, putzen und in sehr dünne Streifen schneiden. Die Gemüsestreifen in einer Schüssel mischen.

2 Die Teigblätter vorsichtig (sie reißen leicht) in 24 Quadrate (ca. 10 cm groß) schneiden. Je 2 Quadrate über Kreuz in eine Vertiefung des Muffinblechs legen und die Körbchen im Ofen (Mitte) in 10 Min. goldbraun backen. Das Blech aus dem Ofen holen und die Körbchen auskühlen lassen. Dann vorsichtig aus den Mulden lösen.

3 Den Joghurt mit Essig verrühren und mit Honig, Salz und Pfeffer abschmecken. Das Luftschlangengemüse gut mit dem Dressing mischen und portionsweise in den Filoteig-Körbchen verteilen. Gleich knusprig frisch servieren.

Für 6 lustige Clowns:
1 Salatgurke
2 große Möhren
je 1 rote und
    gelbe Paprikaschote
ca. 100 g Filo- oder Strudelteig-
    blätter (dünne rechteckige
    Blätter)
2 EL Joghurt
1 EL Apfelessig
1 EL Akazienhonig
Salz | Pfeffer
Außerdem:
1 Muffinblech mit 12 Mulden

Zubereitung: 20 Min.
Backen: 10 Min.

COWBOY-FRITTEN

1 Den Backofen auf 220° vorheizen. Die Kartoffeln und Möhren schälen, putzen und in fingerdicke Streifen schneiden. Die Gemüsefritten auf ein tiefes Backblech legen und großzügig mit Olivenöl beträufeln. Mit Curry- und Paprikapulver, Salz und Pfeffer würzen. Die Fritten im Ofen (Mitte, Umluft 200°) in ca. 30 Min. knusprig backen.

2 In der Zwischenzeit den Frischkäse mit der Sahne in einem kleinen Topf verrühren und bei schwacher Stufe erwärmen. Mit Salz und Pfeffer abschmecken.

3 Für die Salsa die Zwiebel schälen und klein würfeln. Das Öl in einem kleinen Topf erhitzen, die Zwiebel darin anbraten. Tomaten und Tomatenmark dazugeben und bei schwacher Hitze ca. 10 Min. kochen lassen. Den Mais abgießen und zu den Tomaten geben. Die Salsa mit Zucker, 1 Prise Chilipulver, Salz und Pfeffer pikant abschmecken.

4 Die Frischkäsesauce und Salsa in Schälchen füllen und mit den Cowboy-Fritten servieren.

Für 6 starke Cowboys:
2 kg festkochende Kartoffeln
1 kg Möhren | Olivenöl
1 EL mildes Currypulver
1 EL edelsüßes Paprikapulver
Salz | Pfeffer
Für die Frischkäsesauce:
400 g Frischkäse
100 g Sahne
Salz | Pfeffer
Für die Salsa:
1 kleine Zwiebel
1 EL Olivenöl
250 g Pizzatomaten
2 EL Tomatenmark
1 Dose Mais
   (ca. 285 g Abtropfgewicht)
1 TL Zucker | Chilipulver
Salz | Pfeffer

Zubereitung: 30 Min.
Backen: 30 Min.

31

DEKOTIPP

Was wäre ein Kostümfest ohne bunte **Luftschlangen** (gibt es in tollen Glitzerfarben), **Luftballons** und Party-Girlanden? Quietschbunte **Knallbonbons** schon zur Jahreswende kaufen und den Tisch damit schmücken. Buntes Pappgeschirr und witzige Servietten gibt es in vielen Motiven im Kaufhaus oder im gut sortierten Supermarkt.

MINI-KRAPFEN

1 200 g Mehl in eine kleine Schüssel sieben. Die Hefe zerbröseln und in 8–10 EL Milch auflösen. Die Hefemilch zum Mehl geben und zu einem dicken Vorteig rühren. Den Vorteig zugedeckt an einem warmen Ort ca. 15. Min. gehen lassen.

2 Inzwischen die Eigelbe mit dem Zucker schaumig schlagen. Das restliche Mehl, 1 Prise Salz, Essig und Vanillemark dazugeben und alles mit den Händen zu einem Teig kneten. Den Vorteig mit der restlichen Milch verrühren, dazugeben und kräftig durchkneten. Zum Schluss die Butter unter den Teig kneten. Den Krapfenteig zugedeckt an einem warmen Ort ca. 30 Min. gehen lassen.

3 Die Arbeitsfläche mit Mehl bestäuben. Den Teig kräftig durchkneten. Wenn er noch an den Händen klebt, etwas Mehl dazugeben, bis er sich gut von den Fingern lösen lässt. Den Teig zu einer langen Rolle formen und ca. 20 kleine Teigstücke abschneiden. Jedes Teigstück zu einer Kugel rollen. Die Bällchen auf der bemehlten Arbeitsfläche zugedeckt ein letztes Mal ca. 20 Min. gehen lassen.

4 Das Öl in einem Topf erhitzen. Wenn an einem Holzlöffel kleine Bläschen aufsteigen, ist die Temperatur richtig. Die Krapfen portionsweise im heißen Öl goldbraun frittieren. Mit dem Schaumlöffel aus dem Öl fischen und auf Küchenpapier abtropfen lassen. Die Konfitüre in die Spritztülle füllen. Etwas Konfitüre in jeden Krapfen spritzen. Die Krapfen mit Puderzucker bestäuben.

Deko-Tipp:

5 EL Milch mit 200 g Puderzucker zu einem dicken glatten Zuckerguss rühren. Die Krapfen mit dem Zuckerguss bestreichen und nach Belieben mit bunten Konfetti-Streuseln verzieren.

Für ca. 20 köstliche Stückchen:
1 kg Mehl
2 Würfel frische Hefe (à 42 g)
$1/2$ l Milch
8 Eigelb
200 g Zucker
2 EL Essig | Salz
Mark von 1 Vanilleschote
200 g weiche Butter
200 g Lieblingskonfitüre
   (z. B. Aprikose, Kirsche, Hagebutte)
Außerdem:
Mehl für die Arbeitsfläche
2 l Rapsöl zum Frittieren
Puderzucker zum Bestäuben
Spritzbeutel mit spitzem
   langem Spritzeinsatz

Zubereitung: 20 Min.
Gehen: 1 Std. 5 Min.
Ausbacken: 20 Min.

PIPPI-LANGSTRUMPF-TORTE

Für 1 Springform von 26 cm Ø (12 Stück):
6 Eier (Größe M)
200 g weiche Butter
200 g brauner Zucker
200 g gemahlene Haselnüsse
200 g Mehl
1 TL Backpulver | Salz
100 ml Milch
300 g Zartbitterschokolade
Außerdem:
Butter und Mehl für die Form
rote Gummischnüre, Smarties,
  Zuckerperlen

Zubereitung: 15 Min.
Backen: 50 Min.

1 Den Backofen auf 180° vorheizen. Die Form fetten und mit etwas Mehl bestäuben. Die Eier trennen. Die Eiweiße steif schlagen.

2 Die Butter mit dem Zucker cremig schlagen. Die Eigelbe nach und nach unterrühren. Die Nüsse mit Mehl, Backpulver und 1 Prise Salz mischen und unter den Teig rühren. Die Milch zum Teig geben und alles glatt rühren. Zum Schluss den Eischnee unterheben. Den Teig in die Form füllen und den Kuchen im Ofen (Mitte, Umluft 160°) ca. 50 Min. backen. Herausnehmen, nach 5 Min. aus der Form nehmen und auskühlen lassen.

3 Die Schokolade im Wasserbad bei schwacher Hitze schmelzen lassen. Den Kuchen mit der Schokolade glasieren.

4 Aus Gummischnüren, Smarties und Zuckerperlen ein Pippi-Langstrumpf-Gesicht auf den Kuchen zaubern.

Meine Gäste

Mein Party-Motto
Deko für die Motto-Party

Das gibt's zu essen und zu trinken

Die passenden Spiele + Aktivitäten

PLANEN UND VORBEREITEN
1 Tag vor der Party:
Teigkörbchen für Luftschlangensalat backen
Pippi-Langstrumpf-Torte backen
Am Tag der Party:
Hefeteig für Krapfen zubereiten und gehen lassen
Torte verzieren
Luftschlangensalat und Cowboy-Fritten (mit Alufolie abdecken) vorbereiten und dann nur noch in den Ofen schieben. Dips zubereiten
Krapfen backen und verzieren
Clown-Gesichter backen
Prinzessinnen-Bowle zubereiten

PRINZESSINNEN-BOWLE

Für 6 Gläser à 300 ml Inhalt:
3 Beutel roter Früchtetee ++ 1 l Cranberrysaft ++
2 EL Honig ++ 500 g Waldbeermischung (TK-Produkt)
Außerdem:
pinkfarbene Trinkhalme ++ bunte Plastikspieße

Zubereitung: 10 Min.

1 Den Tee mit 1 l kochendem Wasser aufgießen und nach
Packungsangabe ziehen lassen.

2 Den Saft mit dem Früchtetee mischen, mit Honig süßen.
Die Beeren zu der Bowle geben und alles gut mischen.
Die Bowle in Gläser füllen und mit den Trinkhalmen und
Plastikspießen servieren.

Clowngesichter mit Zuckerguss glasieren und mit einem lustigen Clowngesicht verzieren

FÜR JEDEN GAST:

EIN CLOWNGESICHT

1 Den Backofen auf 180° (Umluft 160°) vorheizen. Sämtliche Zutaten für den Teig mit den Knethaken des Handrührgeräts zu einem festen Teig verarbeiten.

2 Ein Backblech mit Backpapier auslegen. Mit zwei Esslöffeln aus dem Teig sechs kleine Häufchen auf die Backbleche setzen und mit einem Löffel zu Kreisen formen. Die Kreise im Ofen (Mitte) in ca. 20 Min. goldgelb backen.

3 Aus Zitronensaft und Puderzucker einen cremigen Zuckerguss rühren und auf die leicht ausgekühlten Kreise streichen. Aus Belegkirschen, brauner Zuckerschrift und Smarties ein lustiges Clowngesicht auf die Törtchen zaubern.

Für 6 lustige Gesichter:
Für den Teig:
100 g Butter
100 g Zucker
2 Eier (Größe M)
5 EL Buttermilch
250 g Mehl
2 Päckchen Vanillezucker
2 TL Backpulver
1 Prise Salz
Für den Guss:
2 EL Zitronensaft
200 g Puderzucker
Zum Verzieren:
6 Belegkirschen
braune Zuckerschrift
rote und blaue Smarties

Zubereitung: 20 Min.
Backen: 20 Min.
Verzieren: 20 Min.

Frühling! Endlich bist du da!
Viel zu lange warten wir schon
auf die ersten Blumen und das
zarte Grün an Büschen und
Sträuchern. Damit das Warten
nicht zu lange dauert, holen
wir dich mit Gänseblümchen-
Keksen, Blümchentoast und
Grashüpfer-Limonade nach
Hause und feiern ein
fröhliches Frühlingsfest
im Blumenrausch!

BLÜMCHENTOAST

1 Den Toast hellbraun toasten. Mit dem Ausstecher Blumen aus den Brotscheiben stechen. Den Frischkäse mit der Milch und dem Honig glatt rühren, mit Salz und Pfeffer abschmecken.

2 Den Schnittlauch waschen, trocken schütteln und in ca. 3 cm lange Röllchen schneiden. Die Cocktailtomaten waschen und würfeln. Den Mais abtropfen lassen. Die Möhren schälen und in kleine Würfel schneiden.

3 Die Toastblumen mit Frischkäse bestreichen. Den Schnittlauch wie Grashalme in den Frischkäse stecken. Die Tomaten, den Mais und die Möhrenwürfel wie kleine bunte Blumen in die Schnittlauchwiese streuen.

Reste-Tipp:
Die Reste vom Toastbrot würfeln und als Croûtons über eine Suppe oder einen Salat streuen.

Für 12 pikante Blümchen:
12 Scheiben Toastbrot
200 g Frischkäse
2 EL Milch
1 EL Honig
Salz | Pfeffer
2 Bund Schnittlauch
12 Cocktailtomaten
1 kleine Dose Mais
  (140 g Abtropfgewicht)
2 kleine junge Möhren
Außerdem:
Ausstecher in Blumenform
  (ca. 8 cm Ø)

Zubereitung: 15 Min.

POLENTA-KÖRBCHEN

1 Die Gemüsebrühe zum Kochen bringen. Nach Packungsangabe den Polentagrieß einrühren und quellen lassen. Die fertige Polenta auskühlen lassen.

2 Den Backofen auf 200° (Umluft 180°) vorheizen. Die Eier gründlich unter die Polenta rühren, mit Salz und Pfeffer würzen. Die Mulden der Muffinbleche mit Öl auspinseln. Die Polenta auf die Muffinmulden verteilen und eine Vertiefung in jede Form drücken.

3 Die Tomaten mit Ricotta und Tomatenmark mischen. Mit den Kräutern, Zucker, Salz und Pfeffer abschmecken. Die Tomatencreme in die Polenta-Vertiefungen geben. Die Körbchen im Ofen (Mitte) ca. 20 Min. backen.

4 Die Polenta-Körbchen aus dem Ofen holen, etwas abkühlen lassen und mit einem Esslöffel aus dem Blech lösen. Mit einem Salat servieren.

Variante:

100 g in Würfel geschnittener gekochter Schinken oder 100 g Zuckermais oder Würfel von ½ gelben Paprikaschote (natürlich passen auch insgesamt 100 g von allen drei Zutaten) unter die Tomaten-Ricotta-Creme rühren und in die Polentakörbchen verteilen.

Für 6 hungrige Blumenkinder (24 Stück):
½ l Gemüsebrühe
300 g Polenta (Maisgrieß)
2 Eier (Größe M)
2 EL Olivenöl
200 g passierte Tomaten
250 g Ricotta
4 EL Tomatenmark
1 EL italienische Kräuter, gehackt (TK-Produkt)
1 TL Zucker
Salz | Pfeffer
Außerdem:
2 Muffinbleche mit je 12 Mulden

Zubereitung: 25 Min.
+ Abkühlzeit
Backen: 20 Min.

DEKOTIPP

Mini-Vasen stecken voller bunter Tulpen. Eine **selbstbemalte Papiertischdecke** mit einer bunten Frühlingswiese erinnert an ein Picknick im Grünen. Hier blüht es überall: einfach einen **Blumenkranz** um die Servietten wickeln. Kleine **selbstgebastelte Schmetterlinge** fliegen an durchsichtigen Fäden im Raum.

GÄNSEBLÜMCHEN-KEKSE

1 Das Mehl in eine Schüssel sieben. Die Vanilleschote längs aufschlitzen und mit einem spitzen Messer das Mark herauskratzen. Zum Mehl geben. Die Butter in kleinen Flöckchen, Eigelbe, Zucker und 1 Prise Salz dazugeben. Alles zu einem glatten Teig kneten. Den Teig in Frischhaltefolie wickeln und für 30 Min. in den Kühlschrank stellen.

2 Den Backofen auf 180° (Umluft 160°) vorheizen. Ein Backblech mit Backpapier belegen. Den Keksteig auf der bemehlten Arbeitsfläche ca. 5 mm dick ausrollen. Mit dem Blümchenausstecher ca. 30 Kekse ausstechen und auf das Blech legen. Die Blümchenkekse im Ofen (Mitte) 10–12 Min. backen. Aus dem Ofen nehmen und auskühlen lassen.

3 Währenddessen den Puderzucker mit der Sahne glatt rühren. 2 EL Zuckerguss mit der gelben Lebensmittelfarbe kräftig einfärben.

4 Die Blümchen mit weißem Zuckerguss bestreichen und trocknen lassen. In die Mitte einen Klecks gelben Zuckerguss geben. Die Blümchenkekse auf künstlichem Gras anrichten oder auf dem Esstisch verteilen.

Für ca. 30 bunte Kekse:
500 g Mehl
1 Vanilleschote
250 g kalte Butter
2 Eigelb
100 g Zucker | Salz
Mehl zum Arbeiten
Für den Guss:
200 g Puderzucker
5 EL Sahne
1 Tube gelbe Lebensmittelfarbe
Außerdem:
Ausstecher in Blumenform
   (ca. 5 cm Ø)
künstliches Gras

Zubereitung: 20 Min.
Kühlen: 30 Min.
Backen: 12 Min.

MINI-BLUMENTÖPFE

1 Den Backofen auf 180° vorheizen. Die Blumentöpfe heiß auswaschen und mit Alufolie (ca. 25 x 25 cm) auslegen.

2 Die Pistazienkerne im Blitzhacker fein mahlen und mit den Mandeln mischen. Butter mit dem Zucker cremig schlagen. Die Eier nach und nach unterrühren. Pistazien, Mandeln, Mehl, Backpulver und 1 Prise Salz mischen und löffelweise unter die Butter-Mischung rühren. Den Teig in die Blumentöpfe gleichmäßig verteilen und im Ofen (Mitte, Umluft 160°) ca. 30 Min. backen.

3 Die fertigen Kuchen aus dem Ofen nehmen und 10 Min. in den Töpfen abkühlen lassen. Aus Puderzucker, Speisequark und grüner Lebensmittelfarbe eine glatte Creme rühren. Die Oberfläche der Kuchen üppig mit der Creme bestreichen und bunte Blüten in die Creme stecken. Die Kuchen mit kleinen Löffeln aus der Form löffeln.

Deko-Tipp:

In den Blumentopf gehören natürlich Blümchen. Statt Zuckerblumen können Sie auch essbare Blumen nehmen, die dann von Wiesen kommen müssen, an denen nicht der Verkehr vorbeirauscht und wo keine Hunde ihre Geschäfte erledigen. Für Kinder am schönsten sind Gänseblümchen.

Für 6 Blumentöpfe aus Ton à 200 ml Inhalt (ca. 7 cm hoch):
100 g Pistazienkerne
100 g gemahlene Mandeln
150 g weiche Butter
150 g Zucker
4 Eier (Größe M)
300 g Mehl
1 Päckchen Backpulver
Salz
100 g Puderzucker
100 g Speisequark
1 Tube grüne Lebensmittelfarbe
Außerdem:
Zuckerblüten für die Deko

Zubereitung: 25 Min.
Backen: 30 Min.
Verzieren: 15 Min.

Meine Gäste

Mein Party-Motto
Deko für die Motto-Party

Das gibt's zu essen und zu trinken

Die passenden Spiele + Aktivitäten

PLANEN UND VORBEREITEN

1 Tag vor der Party:
Gänseblümchen-Kekse backen und verzieren
Kresse-Herzen vorbereiten
Am Tag der Party:
Mini-Blumentöpfe backen und verzieren
Polenta-Körbchen vorbereiten und dann nur noch im Ofen backen
Blümchentoast und Grashüpfer-Limonade vorbereiten

GRASHÜPFER-LIMONADE

Für 6 Gläser à 300 ml Inhalt:
3 Handvoll frische Pfefferminzblätter ++ 1 l stilles Mineralwasser ++ 2 Limetten ++ 4 EL Honig
Außerdem:
18 Eiswürfel ++ 6 grüne Trinkhalme

Zubereitung: 5 Min.
Durchziehen: 10 Min.
+ Abkühlzeit

1 Die Hälfte der Minzeblätter mit 1/2 l kochendem Wasser
übergießen und 10 Min. ziehen lassen. Dann durch ein
Sieb in einen Krug gießen und abkühlen lassen.

2 Das Mineralwasser mit dem Tee mischen. Die Limetten
auspressen und den Saft zur Limonade geben. Die Limonade mit Honig süßen.

3 Die übrigen Pfefferminzblätter waschen, trocken schütteln
und fein hacken. Die Blättchen zur Limonade geben. In
jedes Glas 3 Eiswürfel geben und mit der Limonade aufgießen. Mit giftgrünen Trinkhalmen servieren. Nach Belieben
noch Limettenschnitze in die Gläser stecken.

Stoffherz aussuchen und mit Kresse besäen

FÜR JEDEN GAST:

EIN KRESSEHERZ

Für 6 herzige Erinnerungen:
Stoffreste
ca. 1 1/2 kg Blumenerde
2 Päckchen Kressesamen
Außerdem:
Schere
Nadel
Faden
6 Geschenkeboxen

1 Hier ist ein bisschen Vorbereitung nötig. Schneiden Sie aus alten Stoffresten 12 gleich große Herzen aus. Jeweils 2 Herzen bis auf eine ca. 3 cm große Öffnung zusammennähen und mit etwas Blumenerde füllen. Die letzten 3 cm mit Nadel und Faden gut zunähen, sodass keine Erde rausfällt.

2 Jedes Kind darf sich nun ein Stoffherz aussuchen und mit Kresse besäen. Dazu die Stoffherzen leicht wässern und mit Kressesamen bestreuen.

3 Die Kresseherzen vorsichtig in eine kleine Geschenkebox packen, damit sie heil nach Hause kommen. Nach ein paar Tagen sprießen die ersten Keime in der Sonne auf der Fensterbank, und das Frühlingsfest bleibt noch eine Weile in schönster Erinnerung.

OSTERPARTY

Kunterbunte
Ostereier färben, stolz
Körbchen voll süßer Über-
raschungen hinter dem Holler-
busch entdecken und dazu bunte Wackel-Eier und Osterbrötchen
naschen – darauf freut sich jedes
Kind zur Osterzeit! Und weil Eier-
färben mit Freunden noch viel,
viel mehr Spaß macht, feiern wir heute eine tolle
Osterparty!

MÖHRCHENSUPPE MIT KNUSPERKRUSTELN

1 Die Möhren schälen, putzen und in ca. 2 cm große Stücke schneiden. Die Süßkartoffeln ebenfalls schälen und klein schneiden. Die Brühe zum Kochen bringen, die Möhren- und Kartoffelstücke darin weich kochen.

2 Das Gemüse mit dem Pürierstab in der Brühe pürieren. Die Sahne dazugeben und die Suppe mit Salz und Pfeffer abschmecken.

3 Das Brot mit einem großen Messer klein hacken. Das Öl in einer Pfanne erhitzen und die Brotkrusteln darin knusprig anbraten. Die Suppe in Kaffeetassen füllen.

Die Knusperkrusteln vor dem Servieren über die Suppe streuen.

Wer mag:
Schnittlauch in Röllchen schneiden und über die Suppe streuen.

Austauschtipp: Möhrchensuppe mit Kokos
Ersetzen Sie die Sahne doch mal durch 200 g Kokosmilch. Kinder mögen den süßen Geschmack der Kokosmilch und werden bestimmt noch einen Nachschlag haben wollen.

Für 6 kleine Häschen:
1 kg Möhren
2 Süßkartoffeln (ca. 400 g)
1 ½ l Gemüsebrühe
200 g Sahne
Salz | Pfeffer
4 Scheiben Mischbrot
2 EL Olivenöl

Zubereitung: 30 Min.

Meine Gäste

Mein Party-Motto
Deko für die Motto-Party

Das gibts zu essen und zu trinken

Die passenden Spiele + Aktivitäten

PLANEN UND VORBEREITEN

1 Tag vor der Party:
Möhrchensuppe kochen
Bunte Wackeleier zubereiten und kühlen
(Die Sahne am Tag der Party frisch zubereiten)
Am Tag der Party:
Teig für Häschentorte und Osternester vorbereiten
Häschentorte backen
Tartelettes zubereiten
Möhren-Orangen-Smoothie mixen
Nester backen, Wackeleier verzieren
Smoothies frisch zubereiten

Die Eier wackeln und zappeln auf dem Geburtstagstisch – man könnte meinen, hier wollen gleich kleine Küken ausschlüpfen…

BUNTE WACKELEIER

Für 12 wackelige Eier:
12 Eier (Größe L)
3 Päckchen Wackelpudding
(in Himbeer-, Zitrone- und Waldmeistergeschmack)
6 EL Zucker
100 g Sahne
bunte Zuckerstreusel

Zubereitung: 20 Min.
Kühlen: mind. 2 Std.

1 Von den Eiern über einer Schüssel die obere Spitze abklopfen, den Inhalt ausgießen (siehe Tipp). Die Eierschalen vorsichtig in kochendem Wasser auskochen und trocknen lassen.

2 Inzwischen die Wackelpuddings nach Packungsangabe mit je 2 EL Zucker zubereiten. Die Eierschalen mit der Öffnung nach oben in Eierkartons stellen. Je vier Schalen mit einer Sorte Wackelpudding füllen. Den Pudding im Kühlschrank fest werden lassen.

3 Vor dem Servieren vorsichtig etwas Eierschale abpellen, die Sahne steif schlagen. Einen Spritzer oder Tupfer Sahne auf jedes Ei geben und mit bunten Zuckerstreuseln verzieren. Die Wackeleier in Eierbechern auf den Geburtstagstisch stellen.

Eier-Tipp:
Die Masse von 4 Eiern brauchen Sie für Tarteletts und Torte. Den Rest in Portionen verquirlen und einfrieren. Oder es gibt am nächsten Tag Rührei!

PIKANTE OSTER-TARTELETTES

Für 12 herzhafte Stückchen:
1 Packung TK-Blätterteig (300 g)
150 g roher Osterschinken
am Stück
100 g Sahne
1 Ei (Größe M)
2 EL Preiselbeerkonfitüre
Salz | Pfeffer
1/2 Bund Schnittlauch
Außerdem:
1 Muffinblech mit 12 Mulden

Zubereitung: 15 Min.
Backen: 20 Min.

1 Den Backofen auf 180° (Umluft 160°) vorheizen. Die Blätterteigplatten nebeneinander auftauen lassen. Mit einer Kaffeetasse 12 Kreise ausstechen. Diese in die Muffinmulden legen, je einen kleinen Rand hochziehen.

2 Den Schinken in Würfel schneiden. Die Sahne mit dem Ei und den Preiselbeeren verrühren. Mit Salz und Pfeffer würzen. Den Schinken in den Förmchen verteilen. Je 2–3 EL Sahne-Mischung über den Schinken geben.

3 Die Tartelettes im Ofen (Mitte) 20 Min. backen. Den Schnittlauch waschen und trocken schütteln. Als Deko je 2 Schnittlauchhalme über die Tartelettes legen.

Variante:
Die Tartelettes schmecken auch mit Erbsen und jungen Karotten.

DEKOTIPP

Bunte Eier liegen in Osternestchen. **Osterhasen** aus Schokolade oder Zucker hüpfen im Gras. Schön grün: Kresse- und **Schnittlauch in Töpfchen** auf den Tischen verteilen. Die Ostergirlande mit den bunten Ostereiern schmückt den Ostertisch.

HÄSCHENTORTE

1 Den Backofen auf 180° vorheizen. Das Mehl in eine Schüssel sieben. 150 ml Milch mit der Butter in einem kleinen Topf erwärmen. Den Topf vom Herd nehmen und die Milch etwas abkühlen lassen. Die Hefe in der lauwarmen Milch auflösen. Die Eier unterrühren. 1 Prise Salz und den Zucker zum Mehl geben. Die Hefemilch zum Mehl geben und alles mit den Knethaken des Handrührgerätes zu einem glatten Teig kneten. Die Schüssel mit einem Küchentuch abdecken und den Teig an einem warmen Ort 45 Min. gehen lassen.

2 In der Zwischenzeit den Frischkäse mit der Butter und den Kokosflocken cremig rühren. Die Buttercreme im Kühlschrank kalt stellen.

3 Den Hefeteig auf der bemehlten Arbeitsfläche sanft durchkneten. Drei Viertel des Teiges zu einem großen Laib formen. Den restlichen Teig halbieren und zwei spitze Hasenohren daraus formen. Das Eigelb mit 2 EL Milch verrühren und die drei Teile damit bestreichen. Die Ohren an dem Häschenkopf festdrücken, den Kopf auf das Blech legen. Den Häschenkopf im Ofen (Mitte, Umluft 160°) in ca. 40 Min. goldgelb backen.

4 Den Hefekuchen aus dem Ofen nehmen und abkühlen lassen. Von der Buttercreme 2 EL für die Verzierung beiseite nehmen. Den Häschenkopf quer in der Mitte durchschneiden (vorsichtig, damit die Ohren nicht abfallen) und mit der Buttercreme bestreichen. Die andere Hälfte obenauf legen. Aus Haselnüssen Augen und Nase mit der restlichen Buttercreme aufkleben. Die Gummischnüre links und rechts vom Nussnäschen als Schnurrhaare ankleben.

Für 6 Hasenkinder:
Für den Hefeteig:
650 g Mehl
170 ml Milch
50 g Butter
1 Würfel Hefe (42 g)
2 Eier (Größe M)
Salz | 100 g Zucker
1 Eigelb
2 EL Milch
Für die Buttercreme:
150 g Frischkäse
100 g Butter
50 g Kokosflocken
Außerdem:
Mehl für die Arbeitsfläche
ganze Haselnüsse
6 grüne Gummischnüre

Zubereitung: 25 Min.
Gehen: 45 Min.
Backen: 40 Min.

MÖHREN-ORANGEN-SMOOTHIE

Für 6 Gläser à 300 ml Inhalt:
500 g Möhren (ersatzweise 300 ml Möhrensaft) ++
¹/₂ l Orangensaft ++ 200 g Joghurt ++ 3 EL Honig ++
4 EL Zucker
Außerdem:
crushed Eis aus 1 Eis-Gefrierbeutel ++
6 grüne Trinkhalme ++ Zuckerstreusel

Zubereitung: 20 Min.

1 Die Möhren schälen, putzen und
mit dem Entsafter auspressen.
Den Möhrensaft mit dem Orangensaft, dem Joghurt, dem Honig und
dem crushed Eis im Mixer cremig mixen.

2 Den Smoothie in sechs hohe Gläser füllen.
Den Zucker in einem kleinen Topf mit 6 EL
Wasser erhitzen und ca. 10 Min. kochen.
Die Trinkhalme ca. 4 cm tief in den Zucker-
sirup tauchen und dann in Zuckerstreuseln
wälzen. Die Trinkhalme in die Smoothies
stecken und gleich servieren.

Hefeteig formen, Eier nach Belieben färben und verzieren

FÜR JEDEN GAST:

EIN OSTERNESTCHEN

1 Die Eier in 10 Min. hart kochen. Nach Packungsangabe mit Eierfarben bunt färben und nach Belieben verzieren. Ein Backblech mit Backpapier belegen. Backofen auf 180° (Umluft 160°) vorheizen.

2 Den Hefeteig wie auf Seite 54 beschrieben zubereiten. Den Teig in 12 gleich große Stücke teilen und diese mit den Fingern zu ca. 20 cm langen Rollen formen. Je 2 Rollen ineinander verdrehen, zu einem Kranz formen und die Enden fest zusammendrücken. Die Nestchen auf das Backblech legen und in die Mitte je 1 gefärbtes Osterei drücken. Die Osternestchen im Ofen (Mitte) in ca. 20 Min. goldgelb backen.

Für 6 kleine Osternester:
6 Eier (Größe M)
1 Rezept süßer Hefeteig (siehe Seite 54)
Außerdem:
Eierfarben

Zubereitung: 35 Min.
Gehen: 45 Min.
Backen: 20 Min.
+ Zeit zum Färben und Verzieren

MARIENKÄFERFEST

Sehen die nicht
niedlich aus mit ihren
kleinen Tüpfchen auf dem
knallroten Rücken? Marienkäfer
sind einfach zum Anbeißen süß!
Deshalb feiern wir eine rote Party
und suchen die kleinen schwarzen
Tupfen auf Marienkäfer-Törtchen,
Käfer-Spießen und im roten
Süppchen. Summsumm...
mmmhhh!!!

DEKOTIPP

Rote Tischdecken und Luftballons mit schwarzen **Punkten bekleben** oder bemalen. Rotes und schwarzes Krepppapier zu **Kugeln rollen** und auf den Tischen verteilen. Rote Servietten und rotes Geschirr (z.B. Pappgeschirr) aufdecken. Süß, wie die Kerzen in **rot-schwarz getupften** Bechern an der Girlande flackern.

KRABBELTÖRTCHEN

1 Den Backofen auf 180° vorheizen. Das Mehl mit Backpulver und 1 Prise Salz mischen. Den Zucker mit den Eiern und der Sojamilch schaumig schlagen. Die Vanilleschote längs aufschlitzen. Das Mark mit einem spitzen Messer herauskratzen und unter die Eiermasse rühren. Das Mehl zum Teig hinzufügen und alles zu einem glatten Teig rühren.

2 Die Mulden des Muffinblechs mit den Papierförmchen auslegen (oder gut fetten). Den Teig bis knapp unter den Rand einfüllen und die Törtchen im Ofen (Mitte, Umluft 160°) ca. 25 Min. backen. Herausnehmen und auskühlen lassen.

3 Inzwischen die Marzipanmasse mit dem Puderzucker verkneten. Eine Hälfte mit der grünen Lebensmittelfarbe einfärben, von der anderen Hälfte zwei Drittel rot, das andere Drittel mit Kakaopulver braun färben.

4 Die grüne Masse durch eine Kartoffelpresse drücken und als Gras auf die Törtchen legen. Aus der roten Masse 12 kleine Käfer formen, aus der braunen Masse 24 Fühler und kleine Punkte formen und die Marienkäfer damit fertigstellen. Je 1 Marienkäfer in das grüne Marzipan-Gras setzen.

Für 12 süße Törtchen:
300 g Mehl
1 TL Backpulver
Salz | 120 g Zucker
3 Eier
150 ml Sojamilch
1 Vanilleschote
Zum Verzieren:
400 g Marzipanrohmasse
150 g Puderzucker
je 1 Tube grüne und rote
    Lebensmittelfarbe
1 EL Kakaopulver
Außerdem:
1 Muffinblech mit 12 Mulden
12 grüne Papierbackförmchen

Zubereitung: 20 Min.
Backen: 25 Min.
Verzieren: 25 Min.

Diese Käfer fliegen nicht davon – aber sie schmelzen, wenn sie nicht ganz schnell im Kindermund verschwinden.

MARIENKÄFER-EISCREME (im Bild)

1 Die Johannisbeeren waschen, die Beeren von den Stielen zupfen. Rote und schwarze Beeren mit dem Zucker mischen. Die Beeren in sechs kleine Gläser verteilen. Obenauf je 1 Kugel Eis setzen.

2 Die Schokoladenstäbchen halbieren und je 2 Stäbchen als Fühler in die Kugel stecken. Die Schokolinsen als Marienkäfer-Punkte auf das Eis drücken. Das Eis sofort servieren.

Für 6 kleine Käfer:
je 250 g Rote und
  Schwarze Johannisbeeren
2 EL Zucker
6 Kugeln rotes Fruchteis
  (z.B. Erdbeer- oder Himbeergeschmack)
6 Schokoladenstäbchen
36 Schokolinsen

Zubereitung: 15 Min.

KÄFERSPIESSE

1 Die Tomaten waschen. Das Basilikum waschen, trocken schütteln und die Blätter abzupfen.

2 Auf jeden Spieß abwechselnd 3 Tomaten, 2 Oliven und Basilikumblätter stecken.

Für 18 Knabberspieße:
54 Cocktailtomaten
1 Bund Basilikum
36 schwarze Oliven ohne Kern
Außerdem:
18 Zahnstocher

Zubereitung: 10 Min.

KÄFERSÜPPCHEN

1 Das Tomatenpüree in einem Topf erhitzen.

2 Währenddessen das Basilikum waschen, trocken schütteln und in feine Streifen schneiden. Aus dem Vollkornbrot kleine Kreise ausstechen. Die Butter in einer Pfanne erhitzen, die Brotkreise darin von beiden Seiten knusprig anbraten.

3 Die Suppe mit Zucker, Salz und Pfeffer würzen. Die Sahne steif schlagen und unter die Tomatensuppe mischen, eventuell nochmal nachwürzen. Die Suppe in kleine Suppenschüsseln geben, die Vollkorn-Krustis darauf verteilen und mit Basilikumstreifen garnieren.

Variante:

Kleinere Kinder löffeln gerne eine etwas cremigere, festere Suppe. Hierfür statt der passierten Tomaten 1 kg Tomatenfruchtfleisch in Stücken aufkochen und pürieren. Wie oben würzen und mit Sahne und Basilikum abschmecken.

Für 6 hungrige Kinder:
1 ½ l passierte Tomaten
1 Bund Basilikum
6 Scheiben Vollkornbrot
3 EL Butter
1 EL Zucker
Salz | Pfeffer
100 g Sahne
Außerdem:
1 kleine runde Ausstechform
(2–3 cm Ø)

Zubereitung: 25 Min.

Meine Gäste

Mein Party-Motto
Deko für die Motto-Party

Das gibts zu essen und zu trinken

Die passenden Spiele + Aktivitäten

PLANEN UND VORBEREITEN
1 Tag vor der Party:
Marienkäfersuppe kochen (vor dem Abendessen nur schnell aufwärmen)
Krabbeltörtchen backen (Verzierung erst am Tag der Party zubereiten)
Am Tag der Party:
Morgens den Teig für die Käferkekse kneten
Kekse backen und verzieren
Käferspieße und Verzierung für die Krabbeltörtchen frisch zubereiten
Eistee und Käfereis zubereiten

ROTER EISTEE

Für 6 Gläser à 300 ml Inhalt:
4 Beutel Malventee ++ ½ l Kirschsaft ++ Saft von 2 Zitronen ++
2 EL brauner Zucker ++ 1 Schale Heidelbeeren (ca. 200 g)
Außerdem:
Eiswürfel ++ 6 Zahnstocher oder rote Partyspieße

Zubereitung: 15 Min.

1 Die Teebeutel mit ca. 1,2 l kochendem Wasser aufgießen
und nach Packungsangabe ziehen lassen. Den Tee mit
dem Kirschsaft und dem frischen Zitronensaft mischen.
Mit Zucker süßen.

2 Die Heidelbeeren waschen und auf Zahnstocher oder Partyspieße stecken. Den Eistee mit Eiswürfeln mischen und in
Gläser füllen. Auf jedes Glas einen Beerenspieß legen.

Kekse mit Zuckerguss bestreichen und mit Lakritz und Schokotröpfchen kleine Marienkäfer verzieren

KÄFERKEKSE MIT MANDELFÜLLUNG

1 Puderzucker, Mehl, Butter und die Hälfte der Zitronenschale zu einer weichen Masse kneten. Die Eier trennen. Eigelbe zur Mehl-Butter-Masse geben, alles zu einem glatten Teig kneten. Falls nötig, einige Tropfen kaltes Wasser hinzufügen. Den Teig in Frischhaltefolie wickeln, ca. 30 Min. kalt stellen.

2 Inzwischen für die Füllung die Eiweiße steif schlagen und mit Puderzucker, dem Rest der Zitronenschale und den Mandeln verrühren. Die Füllung soll eher fest sein. Eventuell noch etwas Mandeln hinzufügen.

3 Den Backofen auf 180° (Umluft 160°) vorheizen. Ein Backblech mit Backpapier belegen. Den Teig auf der bemehlten Arbeitsfläche ausrollen, 40 Kreise ausstechen. In die Mitte von 20 Kreisen etwas Füllung geben. Einen zweiten Kreis auf die Füllung setzen, die Ränder mit einer Gabel fest andrücken. Die Kekse mit etwas Milch bestreichen und im Ofen (Mitte) in 15–20 Min. goldgelb backen.

4 Die Kekse aus dem Ofen holen. In die warmen Kekse seitlich einen Zahnstocher wie einen Stiel stecken.

5 Die Lakritzschnüre in 40 ca. 1 cm lange Stücke schneiden. Den Puderzucker mit der Lebensmittelfarbe und der Milch zu einem dicken glatten Guss rühren. Die Kekse mit dem Zuckerguss bestreichen und pro Keks 2 Lakritzstücke als Fühler hineindrücken. Die Schokotröpfchen auf den Zuckerguss kleben.

Für ca. 20 nussige Kekse:
50 g Puderzucker
350 g Mehl
200 g weiche Butter
abgeriebene Schale von
  2 Bio-Zitronen
2 Eigelb
Mehl für die Arbeitsfläche

Für die Füllung:
2 Eiweiß
50 g Puderzucker
300 g gemahlene Mandeln
5 EL Milch

Für den Zuckerguss:
500 g Puderzucker
1 Tube rote Lebensmittelfarbe
1 EL Milch

Außerdem:
1 kleine runde Ausstechform
  (2–3 cm Ø)
20 Zahnstocher
4 Lakritzschnüre oder
  1 Schnecke (diese entrollen
  und die Stränge teilen)
1 Packung Schokotröpfchen

Zubereitung: 15 Min.
Kühlen: 30 Min.
Backen: 20 Min.
+ Zeit zum Verzieren

ERDBEERFEST

Erdbeeren
schmecken einfach im-
mer! Ob pur oder mit Schokolade überzogen, als Konfitüre auf dem Butterbrot oder
im Salat mit Hühnchen. Weil
sie jetzt am besten duften und
schmecken, ist im Hochsom-
mer die richtige Zeit für
eine knallrote Erd-
beerparty!

Erdbeeren sind wunderbar: so schön rot, so süß und saftig! Und in der Kombination mit Schokolade schmecken sie unschlagbar.

SCHOKO-ERDBEEREN

Für 24 rot-schwarze Beeren:
24 schöne große Erdbeeren
100 g Zartbitterschokolade
Zuckerperlen zum Verzieren

Zubereitung: 15 Min.
+ Zeit zum Trocknen

1 Die Erdbeeren waschen, die Kelchblätter dranlassen. Die Schokolade über dem heißen Wasserbad bei mittlerer Hitze schmelzen lassen.

Tipp:
An den Blättern kann man die Beeren gut anpacken und einfach abbeißen.

2 Die Erdbeeren zur Hälfte in die flüssige Schokolade tauchen, dann in die Zuckerperlen. Die Beeren auf Backpapier legen und die Schokolade fest werden lassen.

SCHOKO-ERDBEER-CREME MIT TUPFEN

Für 6 Naschkatzen:
100 g weiße Schokolade
250 g Speisequark
500 g Erdbeeren
1 Päckchen Vanillezucker
100 g Pistazienkerne

Zubereitung: 15 Min.
Kühlen: 1 Std.

1 Die Schokolade über dem heißen Wasserbad bei mittlerer Hitze schmelzen lassen. Die flüssige Schokolade mit dem Quark cremig rühren. Die Creme im Kühlschrank ca. 1 Std. kalt stellen.

Die Erdbeeren mit dem Vanillezucker süßen und auf sechs Gläser verteilen.

3 Die Creme auf den Erdbeeren verteilen. Die Pistazienkerne darüberstreuen. Die Creme mit langen Stiellöffeln servieren.

2 Die Erdbeeren waschen, die Kelchblätter entfernen und die Erdbeeren vierteln.

Kinder sind oft gar nicht so konservativ in ihren Geschmäckern, wie man denkt. Dieser Salat ist bei meinen Kinderfesten immer ein großer Erfolg.

HÄHNCHENSALAT

1 Die Hähnchenbrust waschen, trocken tupfen und in kleine Würfel schneiden. 2 EL Öl in einer Pfanne erhitzen und die Hähnchenbrustwürfel darin von allen Seiten anbraten. Das Fleisch aus der Pfanne nehmen.

2 Das Baguette in Würfel schneiden. 1 EL Öl in der Pfanne erhitzen und die Würfel darin knusprig braten. Die Brotwürfel mit dem Fleisch mischen.

3 Den Salat waschen und trocken schütteln. In Streifen und diese in Stücke schneiden. Die Erdbeeren vorsichtig waschen, von den Kelchblättern befreien und vierteln. Salat und Erdbeeren zu Fleisch und Brot geben.

4 Saure Sahne, 1 EL Öl, Essig und Parmesan zu einem cremigen Dressing rühren und mit Salz und Pfeffer abschmecken. Das Dressing über den Salat geben und den Salat in Bechern anrichten.

Für 6 hungrige Kinder:
500 g Hähnchenbrust
4 EL Rapsöl
½ Baguette
1 kleiner Kopf Eisbergsalat
250 g Erdbeeren
200 g saure Sahne
2 EL Apfelessig
200 g Parmesan, frisch gerieben
Salz | Pfeffer

Zubereitung: 25 Min.

Meine Gäste

Mein Party-Motto
Deko für die Motto-Party

Das gibts zu essen und zu trinken

Die passenden Spiele + Aktivitäten

PLANEN UND VORBEREITEN
1 Tag vor der Party:
Erdbeerkonfitüre einkochen – mehr geht leider nicht
Am Tag der Party:
Schoko-Erdbeercreme zubereiten
Erdbeerkuchen zubereiten
Schoko-Erdbeeren und Erdbeerlimonade zubereiten
Den Salat vor der Party zubereiten und ohne Dressing im Kühlschrank kalt stellen, vor dem Essen anmachen

DEKOTIPP

Rote Tischdecken und rotes Geschirr passen gut zur Erdbeerparty. **Rote Lampions** mit schwarzen Tüpfchen bemalen oder bekleben. Erdbeeren einfach in hübschen **Schälchen** anrichten und zum Naschen auf den Tisch stellen. Die **Erdbeergirlande** lädt zum Reinbeißen in die süßen Früchtchen ein.

WAHNSINNIG LECKERER ERDBEERKUCHEN

1 Den Zwieback in einem Gefrierbeutel mit dem Nudelholz fein zerbröseln. Die Butter schmelzen, die Zwiebackbrösel mit der Butter mischen. Die Masse auf den Boden der Form fest drücken.

2 Quark mit 2 Päckchen Vanillezucker und Zucker cremig rühren. Die Sahne mit dem Sahnesteif steif schlagen und unter den Quark rühren. Die Creme auf dem Boden verteilen und im Kühlschrank für 3 Stunden kalt stellen.

3 Die Erdbeeren waschen, putzen und in Scheiben schneiden. Die Erdbeeren wie Dachziegel von außen nach innen auf die Creme legen und mit dem restlichen Vanillezucker bestreuen.

Extra-Tipp:

100 g Merengue (Baiser, gibt's beim Konditor; alternativ Zwieback oder Biskuits) in kleine Stücke brechen und unter die Quarkcreme mischen. Wie beschrieben im Kühlschrank kalt stellen.

Zutaten für 1 Springform von 26 cm Ø:

150 g Zwieback
125 g Butter
500 g Magerquark
100 g Zucker
200 g Sahne
1 Päckchen Sahnesteif
3 Päckchen Vanillezucker
500 g Erdbeeren

Zubereitung: 35 Min.
Kühlen: 3 Std.

ERDBEERLIMONADE

Für 6 Gläser à 300 ml Inhalt:
500 g Erdbeeren ++ 2 Limetten ++ 3 EL brauner Zucker ++
1 l Mineralwasser
Außerdem: Trinkhalme

Zubereitung: 10 Min.

1 Die Erdbeeren waschen, die Kelchblätter entfernen. Die
Erdbeeren in ein hohes Gefäß geben und mit einer Gabel
grob zerdrücken.

2 Die Limetten auspressen. Das Erdbeermus mit Zucker und
Limettensaft mischen. Das Erdbeermus auf die Gläser verteilen
und mit dem Mineralwasser aufgießen. Die Erdbeer-Limonade
mit pinkfarbenen oder roten Trinkhalmen servieren.

Aus alten Stoffresten einen großen Kreis (ca. 20 cm Ø) ausschneiden. Auf den Deckel der Gläser legen und mit einem bunten Geschenkband zubinden. Weiße Etikett-Aufkleber bemalen und beschriften: z. B. »Linas Erdbeerkonfitüre im Juli 20xx«

FÜR JEDEN GAST:

ERDBEERKONFITÜRE

Für 6 Gläser à 200 ml Inhalt:
1 kg Erdbeeren
500 g Gelierzucker (2:1)
Mark von 2 Vanilleschoten

Zubereitung: ca. 15 Min.
Einkochen: 15 Min.

1 Die Erdbeeren waschen, die Kelchblätter entfernen. Die Erdbeeren mit Gelierzucker und Vanillemark zum Kochen bringen und 10 Min. kochen lassen. Die Masse mit dem Pürierstab pürieren.

2 Sechs Einmachgläser und die Deckel in heißem Wasser auskochen. Die Konfitüre heiß einfüllen und sofort verschließen. Die Gläser auf den Kopf stellen und abkühlen lassen.

GRiLLFEiER

Oh, wie das duftet! Lauter Köstlichkeiten brutzeln auf dem Grill und laden zur Grillfeier ein. Im Sommer, an den längsten Tagen im Jahr, feiern wir eine Grillparty und lassen uns selbstgebackenes Stockbrot am Spieß, Mini-Burger und heiße Früchte unter freiem Himmel schmecken.

Wenn die Stöcke lang genug sind, kann sich eigentlich kein Partygast die Finger verbrennen. Bei offenem Feuer muss man aber immer besonders vorsichtig sein und darf Kinder nicht unbeaufsichtigt lassen!

STOCKBROT MIT KNOBLAUCH

Für 6 Grillmeister:
500 g Mehl
1 Würfel Hefe (42 g)
1 EL Salz
1 EL Zucker
2 EL Olivenöl
3 Knoblauchzehen
Außerdem:
6 lange, vorn zugespitzte Stöcke (s. Tipp)

Zubereitung: 20 Min.
Ruhen: 30 Min.
Grillen: 15 Min.

1 Das Mehl in eine Schüssel sieben. Die Hefe zerbröckeln und in 1/4 l lauwarmem Wasser auflösen. Das Salz und den Zucker untermischen.

2 Das Hefewasser unter das Mehl kneten. Das Olivenöl dazugeben und alles zu einem glatten Teig kneten.

3 Den Knoblauch schälen, zum Teig pressen und unterkneten. Den Teig mit einem Tuch abdecken und an einem warmen Ort ca. 30 Min. gehen lassen.

4 Den Teig noch einmal kräftig durchkneten und in sechs Teile teilen. Die Teigstücke zwischen den Fingern zu langen Rollen formen und von der Spitze her auf die Stöcke wickeln. Das Stockbrot über offener Flamme oder dem Grill knusprig braun braten. Das Stockbrot ringsum mit etwas Käse-Dip bestreichen und vom Stock knabbern.

Das gibt's dazu: Scharfer Käse-Dip
400 g Frischkäse mit 100 g geriebenem Cheddar (oder mittelaltem Gouda), 2 EL Tomatenmark, 2 EL Milch und 1 Prise Chilipulver verrühren.

Tipp:
Geeignet sind Haselnuss- oder Weidenruten. Wer keinen Garten zum Plündern hat, kann Bambusstöcke aus dem Baumarkt nehmen.

MINI-CHEESEBURGER

Für 12 kleine Burgerfans:
600 g Rinderhackfleisch
Salz | Pfeffer
2 EL Öl
12 Mini- oder 6 Baguette-
    Brötchen
4 EL mittelscharfer Senf
4 EL Ketchup
12 Salatblätter (Eisberg-
    oder Kopfsalat)
2 große Fleischtomaten
12 kleine Scheiben Käse
    (kräftige Sorten wie Cheddar,
    Gouda oder Bergkäse)

Zubereitung: 20 Min.

1 Das Hackfleisch salzen und pfeffern. Zu 12 kleinen Burgern formen. Den Grillrost mit dem Öl einpinseln und auf den heißen Grill legen.

2 Die Brötchen aufschneiden und jede Seite auf dem Grill ca. 30 Sek. rösten. Die Brötchen nach Geschmack mit Senf und Ketchup bestreichen.

3 Den Salat waschen, trocken schütteln und zurechtzupfen. Die Tomaten waschen und in 12 dünne Scheiben schneiden. Die Brötchen mit Salat und Tomatenscheiben belegen.

4 Die Burger von beiden Seiten ca. 5 Min. grillen. Zum Schluss je 1 Scheibe Käse auf die Burger legen und für ca. 30 Sek. grillen, bis der Käse langsam schmilzt. Die Fleischstücke auf die untere Brötchenhälfte legen, Brötchen zusammenklappen und sofort servieren.

Grillen mal anders: Süße Früchte werden durchs Grillen noch süßer. Wer's lieber natur mag, isst die Früchte roh und bekommt natürlich auch ein Eis dazu!

HEISSE FRÜCHTE MIT VANILLEEIS

Für 6 vernaschte Kinder:
$1/2$ Ananas
1 Mango
3 Aprikosen
3 Pfirsiche
2 EL Rapsöl
300 ml Vanilleeis

Zubereitung: 15 Min.
Grillen: 10 Min.

1 Die Ananas schälen und in 6 Scheiben schneiden. Den Strunk ausstechen. Die Mango schälen, das Fruchtfleisch in großen Stücken vom Kern schneiden. Die Aprikosen und Pfirsiche waschen, halbieren und die Kerne entfernen.

2 Den Grillrost mit dem Öl einpinseln und auf den heißen Grill legen. Die Früchte auf den Rost legen und von beiden Seiten solange grillen, bis sie leicht anfangen zu karamellisieren. Die heißen Früchte mit je 1 Kugel Vanilleeis servieren.

BEERENPYRAMIDE

1 Den Backofen auf 180° vorheizen. Die Beeren waschen und verlesen. Mehl mit Backpulver und 1 Prise Salz mischen. Die Butter mit dem Zucker cremig schlagen, nach und nach die Eier unterrühren. Zum Schluss die Milch hinzufügen und alles zu einem glatten Teig rühren.

2 Die Beeren unter den Teig heben. Die Papierförmchen in die Muffinmulden setzen und den Teig bis knapp unter den Rand einfüllen. Die Muffins im Ofen (Mitte, Umluft 160°) ca. 30 Min. backen.

3 Die Muffins aus dem Ofen holen und abkühlen lassen. Währenddessen den Frischkäse mit dem Puderzucker glatt rühren. Die Heidelbeeren waschen. Die Frischkäse-Creme mit einem Messer auf die Muffins streichen. In die Mitte jedes Muffins 1 Beere setzen. Die Muffins zu einer Pyramide aufbauen, in den obersten Muffin die Kerze stecken.

Für 12 Sommerkinder:
100 g gemischte Beeren
250 g Mehl
2 TL Backpulver | Salz
120 g weiche Butter
150 g Zucker
3 Eier (Größe M)
5 EL Milch
Für die Creme:
200 g Frischkäse
100 g Puderzucker
12 Heidelbeeren
Außerdem:
1 Muffinblech mit 12 Mulden
12 Papier-Backförmchen
1 Geburtstagskerze

Zubereitung: 20 Min.
Backen: 30 Min.

Meine Gäste

Mein Party-Motto
Deko für die Motto-Party

Das gibt's zu essen und zu trinken

Die passenden Spiele + Aktivitäten

PLANEN UND VORBEREITEN
1 Tag vor der Party:
Beerentörtchen für die Pyramide backen – mehr geht leider nicht
Am Tag der Party:
Teig für Stockbrot zubereiten
Zutaten für Mini-Cheeseburger vorbereiten
Obst für heiße Früchte schneiden
Limonade zubereiten
Gummibärchen auf Spieße stecken

Limetten auspressen. Glasränder verzieren.

SELBST GEMACHTE LIMONADE

Für 6 Gläser à 300 ml Inhalt:
Saft von 10 Limetten ++ 4 EL brauner Zucker ++
1 ½ l Mineralwasser ++ 2 EL Zucker für die Deko ++
2 Bio-Limetten

Zubereitungszeit: 10 Min.

1 Den Limettensaft mit dem Zucker verrühren, mit Mineralwasser aufgießen. Die Bio-Limetten heiß waschen, trocken
reiben und in Scheiben schneiden. 1 Limettenscheibe zur
Seite legen, die restlichen Scheiben zur Limonade geben.

2 Mit der einen Limettenscheibe die Glasränder umfahren.
Die Glasränder in den Zucker tauchen. Die Limonade in
die Gläser füllen.

FÜR JEDEN GAST:

GUMMITIERCHEN AM SPIESS

Einfacher geht's nicht, und das darf auch ruhig mal so sein: Die Süßigkeiten kunterbunt auf die Spieße stecken und in Zellofantütchen verpacken – da freut sich jeder Gast und wird die Spießchen ganz bestimmt nicht auf den Grill legen – vorher verschwindet alles ganz schnell im Mund.

Für 6 Naschkatzen:
mehrere Tüten Schaumzucker- und Fruchtgummi-Naschereien

Außerdem:
30 Zahnstocher
6 Zellofantütchen

Zubereitung: 15 Min.

PIRATENFEST

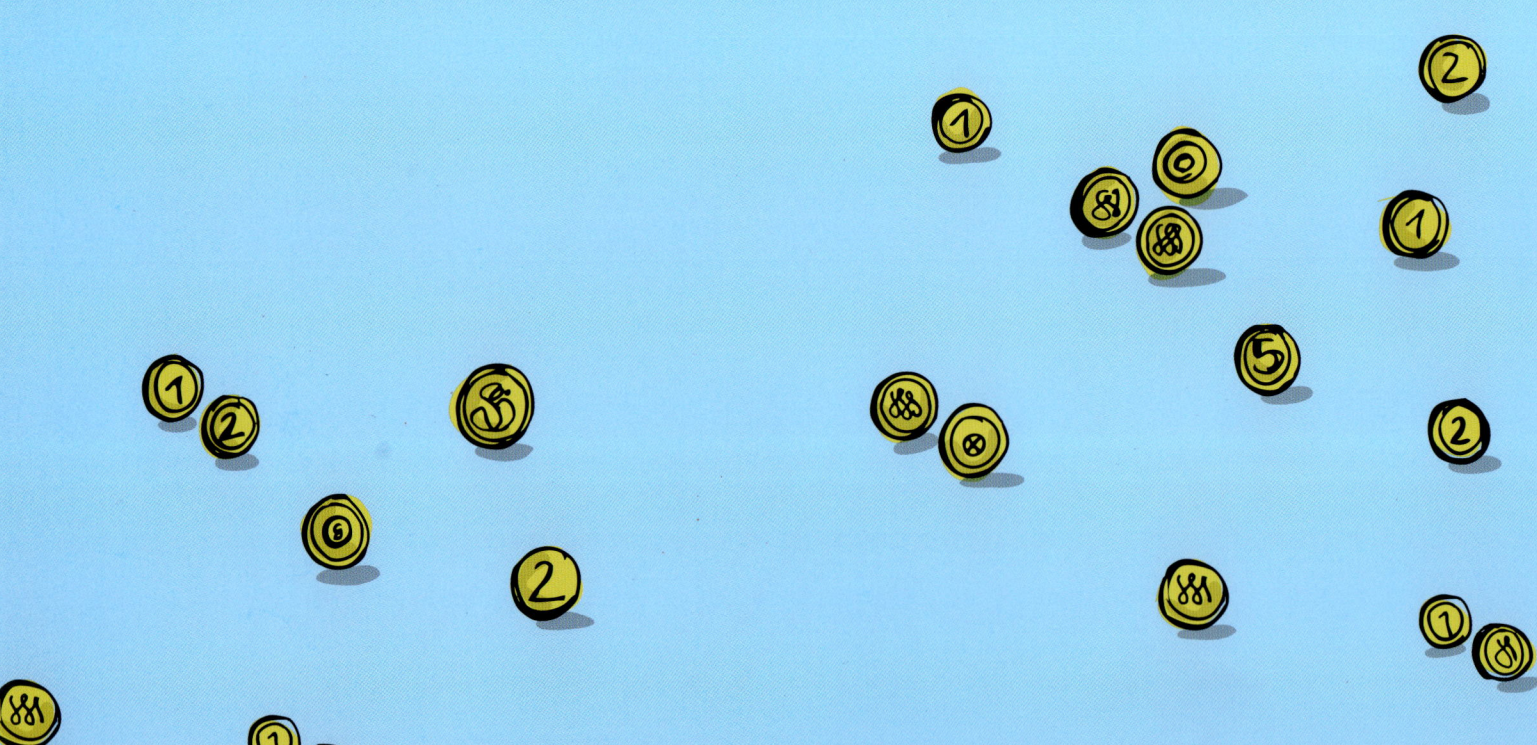

Kommt alle
zum Piratenfest! Käpt'n
Frederik Black lädt zur
Schatzsuche, zu Meuterei und
Spielen für starke Kerle und Bräu-
te ein. Damit die auch keine Kraft
verlieren, gibt's Hähnchenkeulen
mit Knuspersäbeln, ein nussiges
Piratenschiff und ausreichend
Stärkungs-Bowle für die
ganze Mannschaft!

Wem das zu viel »Schatz« erscheint, der füllt nur 6 Muffins und serviert die anderen zum So-Essen.

SÜSSE SCHATZTRUHEN

1 Den Backofen auf 180° vorheizen. Die Papierförmchen in die Mulden des Muffinblechs setzen. Die Bananen schälen und mit einer Gabel zerdrücken. Mit dem Kakao, der Butter und dem Zucker cremig rühren. Die Eier nach und nach gründlich unterrühren.

2 Das Mehl mit dem Backpulver mischen und unter den Teig rühren. Zum Schluss die Milch unterrühren. Den Teig bis knapp unter den Rand in die Förmchen füllen und im Ofen (Mitte, Umluft 160°) ca. 25 Min. backen.

3 Die Muffins aus dem Ofen holen und vollständig abkühlen lassen. Mit einem scharfen Messer vorsichtig die Deckel abschneiden und die Muffins mit einem Teelöffel etwas aushöhlen. In die Mulden bunte Schätze wie Smarties, Gummibärchen und Goldtaler füllen. Den Deckel schräg auf die Schätze setzen, sodass man den Inhalt gerade noch sieht.

Tipp:
Auch über Schätze, die man nicht essen kann, freuen sich die Piraten. So passen z.B. auch kleine Würfel in die Truhen.

Für 12 Schätze:
3 reife Bananen
5 EL Kakaopulver
150 g Butter
100 g brauner Zucker
3 Eier (Größe M)
300 g Mehl
2 TL Backpulver
100 ml Milch
Außerdem:
1 Muffinblech mit 12 Mulden
12 Papierbackförmchen
bunte Schätze wie Smarties,
    Gummibärchen, Goldtaler

Zubereitung: 20 Min.
Backen: 25 Min.

AUFGESPIESSTE SCHLAFMÜTZEN

1 Den Backofen auf 180° (Umluft 160°) vorheizen. Ein Backblech mit Backpapier belegen. Die Blätterteigplatten nebeneinander legen und auftauen lassen.

2 Jede Teigplatte der Breite nach in ca. 3 cm breite Streifen schneiden. Das ergibt pro Platte ca. 8 Streifen.

3 Die Würstchen in je 4 Stücke schneiden. Pro Würstchenstück 2 Blätterteigstreifen zu einem Kreuz legen. Das Würstchen-

stück auf die Schnittstelle drücken und den Blätterteig von allen Seiten über das Würstchen schlagen. Den Blätterteig fest andrücken.

4 Die Eigelbe verquirlen. Die Blätterteigpäckchen mit etwas Eigelb bestreichen und im Ofen (Mitte) 12–15 Min. backen. Die Päckchen aus dem Ofen nehmen und in jede Schlafmütze 1 Zahnstocher stecken. Umgedreht in Gläser stecken und servieren.

Für 24 Mini-Spieße:
1 Packung TK-Blätterteig (300 g)
6 Wiener Würstchen
2 Eigelb
Außerdem:
24 Zahnstocher

Zubereitung: 20 Min.
Backen: 15 Min.

KNUSPERSÄBEL UND PIRATENKEULEN

1 Den Backofen auf 220° (Umluft 200°) vorheizen. Für die Knuspersäbel die Kartoffeln schälen, der Länge nach halbieren und die Hälften längs dritteln. Die Kartoffeln auf ein Backblech geben und mit dem Olivenöl mischen. Die Cornflakes im Blitzhacker zerkleinern (oder in einem Gefrierbeutel fein zerdrücken), über die Kartoffeln geben und gut mischen. Mit Salz und Pfeffer würzen. Die Kartoffeln im Backofen (Mitte) ca. 10 Min. vorgaren.

2 Inzwischen die Hähnchenkeulen waschen und mit Küchenpapier trocken tupfen. Aus Tomatenmark, 4 EL Öl und Paprikapulver eine Marinade rühren. Die Hähnchenkeulen mit der Marinade bestreichen. 2 EL Öl in einer Pfanne erhitzen und die Hähnchenkeulen darin auf der Hautseite ca. 2 Min. braten, dann von beiden Seiten mit Salz und Pfeffer würzen.

3 Die Hähnchenkeulen auf die Kartoffeln legen und alles in 20–25 Min. knusprig braten. Die Hähnchenkeulen mit den Knuspersäbeln servieren.

Für 6 gefährliche Piraten:
Für die Knuspersäbel:
1 1/2 kg festkochende Kartoffeln
6 EL Olivenöl
100 g Cornflakes, ungesüßt
Salz | Pfeffer
Für die Keulen:
6 Hähnchenkeulen
2 EL Tomatenmark
6 EL Rapsöl
1 EL Paprikapulver
Salz | Pfeffer

Zubereitung: 25 Min.
Braten: 35 Min.

Meine Gäste

Mein Party-Motto
Deko für die Motto-Party

Das gibt's zu essen und zu trinken

Die passenden Spiele + Aktivitäten

PLANEN UND VORBEREITEN
1 Tag vor der Party:
Piratenschiff, Goldstückchen und Muffins für die süßen Schatztruhen backen
Am Tag der Party:
Knuspersäbel und Piratenkeulen vorbereiten und zum Essen nur noch in den Ofen schieben
Bowle und Schlafmützen zubereiten
Die süßen Schatztruhen füllen

NUSSIGES PIRATENSCHIFF MIT BÄRCHEN-CREW

1 Den Backofen auf 180° vorheizen. Die Butter mit dem Zucker cremig schlagen. Ein Ei nach dem anderen unterrühren. Das Mehl mit dem Backpulver und den Mandeln mischen und unter die Butter-creme rühren. 1 Prise Salz dazugeben und die Milch zum Schluss unterrühren, bis ein glatter Teig entsteht.

2 Die Schokoraspel unter den Teig rühren. Die Kirschen in einem Sieb abtropfen lassen und ebenfalls unter den Teig heben. Die Form fetten und mit Mehl ausstäuben. Den Teig in die Form füllen und den Kuchen im Ofen (Mitte, Umluft 160°) ca. 50 Min. backen.

3 Den Kuchen vollständig auskühlen lassen und auf ein Gitter stürzen. Die Schokolade über dem heißen Wasserbad bei mittlerer Hitze schmelzen lassen.

4 Den kalten Kuchen rundherum mit der flüssigen Schokolade bestreichen. An den Seiten die Lakritzschnecken wie Bullaugen ankleben. Aus Tonpapier 2 Segel schneiden. Einen weißen Toten-kopf auf jedes Segel malen. Oben und unten je ein Loch hineinstechen und die Schokoladenstäbchen durch die Segel fädeln. In den Kuchen stecken. Gummi-bärchen-Piraten auf das Schiff setzen und den Kuchen so servieren.

Für 1 Kastenform von 30 cm (12 Stück):
120 g weiche Butter
120 g Zucker
3 Eier (Größe M)
300 g Mehl
1 Päckchen Backpulver
150 g Mandeln, gemahlen
Salz | 50 ml Milch
100 g Schokoraspel
1 Glas Schattenmorellen
200 g Zartbitterschokolade
Butter und Mehl für die Form
Außerdem:
Lakritzschnecken
Tonpapier
weißer Kreidestift
Kleber
2 Schokoladenstäbchen
Gummibärchen

Zubereitung: 20 Min.
Backen: 50 Min.
Verzieren: 15 Min.

MELONENBOWLE FÜR STARKE KERLE

Für 6 Gläser à 300 ml Inhalt:
$^1/_2$ große Wassermelone ++ Saft von 1 Zitrone ++
1–2 l Mineralwasser
Außerdem:
6 lange schwarze Trinkhalme ++ Piratenspieße für
die Melonenkugeln

Zubereitung: 15 Min.

1 Die Melone aushöhlen. Am schönsten wird es mit einem
Melonen-Kugel-Ausstecher. Die Hälfte vom Fruchtfleisch
pürieren, mit Zitronensaft mischen und mit Mineralwasser
bis zur gewünschten Konsistenz aufgießen.

2 Die Bowle in die ausgehöhlte Melonenhälfte geben. Die
übrigen Melonenkugeln dazugeben und die Bowle mit
Trinkhalmen und Piratenspießen dekorieren.

FÜR JEDEN GAST:

SÜSSE GOLDSTÜCKCHEN

1 Den Backofen auf 180° (Umluft 160°) vorheizen. Die Butter mit dem Puderzucker cremig schlagen. Das Mehl mit dem Backpulver mischen. Löffelweise unter die Buttercreme rühren. Zum Schluss das Eigelb und die Haferflocken unterkneten.

2 Den Teig auf der bemehlten Arbeitsfläche zu einer langen Rolle (ca. 3 cm Ø) formen. Die Teigrolle in Frischhaltefolie wickeln und für ca. 20 Min. in den Kühlschrank legen. Den Zucker mit dem Zimt gründlich mischen.

3 Zwei Backbleche mit Backpapier belegen. Von den Teigrollen kleine, ca. 5 mm dicke Taler abschneiden und auf das Backblech legen. Die Goldtaler im Ofen (Mitte) ca. 10 Min. backen. Die Taler mit dem Zimt-Zucker bestreuen. Weitere 10 Min. backen, bis sie goldgelb gebacken sind. Mit dem zweiten Blech genauso verfahren. Die Taler auskühlen lassen, in kleine Säckchen füllen und an die Piraten verteilen.

Für ca. 50 Taler:
250 g weiche Butter
150 g Puderzucker
300 g Mehl
1 TL Backpulver
1 Eigelb
150 g Haferflocken
3 EL Zucker
1 EL Zimtpulver
Außerdem:
6 Säckchen oder Beutelchen

Zubereitung: 20 Min.
Kühlen: 20 Min.
Backen: 20 Min. pro Blech

Wir feiern eine
bunte Party! Jeder Gast darf
sich von Kopf bis Fuß in seine
Lieblingsfarbe stecken und sich auf
den blauen Jakob, die rosa Antonia, den
roten Tobias und die beiden gelben Zwillinge
Josefine und Theresa freuen. Und dazu gibt's
das Beste in kunterbunten Farben. Freut euch
auf Tüpfchen-Kekse, bunt-gesunde Sticks und
gestreifte Gläser voll knalligem Früchte-Smoothie.

TÜPFCHEN-KEKSE

1 Mehl, Puderzucker, Vanillezucker und 1 Prise Salz mischen, zu einem Hügel formen, eine Vertiefung eindrücken. Butter in Flöckchen schneiden und mit dem Ei in die Mulde geben. Alles gut durchkneten und zu einer Kugel formen, in Frischhaltefolie wickeln und für 1 Std. in den Kühlschrank legen.

2 Den Backofen auf 180° (Umluft 160°) vorheizen. Den Teig auf der bemehlten Arbeitsfläche dünn ausrollen und runde Formen ausstechen. Ein Backblech mit Backpapier belegen und die Kekse auf das Blech legen. Mit einer Gabel Löcher einstechen. Die Kekse im Ofen (Mitte) 15 Min. backen. Herausnehmen und abkühlen lassen.

3 Die bunten Früchte waschen, putzen und kleinschneiden. Die Sahne mit Vanillezucker schlagen und unter den Quark heben. Die Creme in einen Spritzbeutel füllen und auf jeden Keks einen Klecks Creme spritzen. Bunte Früchte auf der Creme verteilen.

Für ca. 30 süße Stück:
Für den Teig:
150 g Mehl
50 g Puderzucker
½ Päckchen Vanillezucker
Salz
100 g kalte Butter
1 Ei (Größe M)
Mehl für die Arbeitsfläche
Für die Creme:
200 g bunte Früchte (Johannisbeeren, Heidelbeeren, Mango, Kiwi, Erdbeeren)
100 g Sahne
1 Päckchen Vanillezucker
100 g Speisequark (20 % Fett)
Außerdem:
runde Ausstecher (ca. 5 cm Ø)
Spritzbeutel

Zubereitung: 30 Min.
Kühlen: 1 Std.
Backen: 15 Min.

BUNTE STICKS MIT DREIERLEI DIPS

1 Die Gurke, die Möhren und den Kohlrabi schälen und putzen. Die Paprikaschoten waschen und die Stiele, Kerne und Rippen entfernen. Den Mais abgießen und abtropfen lassen.

2 Das Gemüse in lange, schmale Streifen schneiden. Die Gemüsesticks und die Maiskölbchen in bunten Bechern oder Gläsern anrichten.

3 Für die Dips den Joghurt mit dem Frischkäse verrühren und in drei Schälchen aufteilen. Mit je 1 EL Esslöffel Honig, Salz und Pfeffer abschmecken.

4 Den ersten Dip mit Tomatenmark mischen, die beiden anderen mit Currypulver bzw. Pesto verrühren. Die drei Dips nochmal abschmecken und zu den Gemüsesticks servieren.

Für 6 Knabber-Kinder:
Für die Sticks:
1 Gurke
4 Möhren
1 Kohlrabi
je 1 gelbe und
   rote Paprikaschote
1 Glas Mini-Maiskolben
Für die Dips:
500 g Joghurt
200 g Frischkäse
3 EL Honig
Salz | Pfeffer
2 EL Tomatenmark
1 EL mildes Currypulver
1 EL Pesto (Glas)

Zubereitung: 15 Min.

BUNTES NUDELBÜFETT

1 Die Nudeln in reichlich Salzwasser nach Packungsangabe bissfest kochen. Abgießen, im Sieb kalt abschrecken (so kleben sie nicht zusammen) und ganz abkühlen lassen.

2 Die Nudeln in eine Schüssel füllen. Die Möhren schälen, putzen und in sehr kleine Würfel schneiden. Den Mais abtropfen lassen und in eine Schüssel füllen. Die Erbsen in einer Schüssel auftauen lassen. Die Paprikaschoten waschen, halbieren, putzen und in kleine Würfel schneiden. Den Schinken ebenfalls in kleine Würfel schneiden. Die Cocktailtomaten waschen und vierteln.

Den Mozzarella abtropfen lassen und in kleine Stücke zupfen. Möhren, Paprika, Schinkenwürfel, Tomaten, Mozzarella und Käse in Schüsselchen füllen. Die Sahne mit den Eiern verquirlen, mit Salz und Pfeffer würzen.

3 Den Backofen auf 180° vorheizen. Alle Schüsseln mit ihrem buntem Inhalt auf einen Tisch stellen. Jedes Kind darf sich nun eine ofenfeste Schale oder Form mit Nudeln und den Lieblingszutaten für seinen Nudelauflauf füllen. Zum Schluss pro Portion ca. 4 EL Sahne-Ei daübergeben und im Ofen (Mitte, Umluft 160°) in 20–25 Min. überbacken.

Für 6 hungrige Gäste:
200 g Nudeln (z. B. Farfalle oder Spirelli)
Salz
2 Möhren
1 Dose Mais (285 g Abtropfgewicht)
150 g TK-Erbsen
je 1 rote und gelbe Paprikaschote
200 g gekochter Schinken
12 Cocktailtomaten
1 Kugel Mozzarella
150 g Emmentaler, frisch gerieben
200 g Sahne
2 Eier (Größe M)
Pfeffer
Außerdem:
6 ofenfeste Schalen oder Förmchen

Zubereitung: 30 Min.
Backen: 25 Min.

Meine Gäste

Mein Party-Motto
Deko für die Motto-Party

Das gibt's zu essen und zu trinken

Die passenden Spiele + Aktivitäten

PLANEN UND VORBEREITEN
1 Tag vor der Party:
Tüpfchen-Kekse und Kuchen backen
Dips für bunte Sticks anrühren
Kuchen-Lollis zubereiten
Am Tag der Party:
Nudelbüfett vorbereiten
Gemüsesticks klein schneiden
Tüpfchenkekse dekorieren
Regenbogenkuchen verzieren
Smoothies mixen

DEKOTIPP

Teller, Gläser, Servietten und Trinkhalme gibt es überall in den **knalligsten Farben. Bunte Lampions** und Luftballons leuchten, wohin das Auge blickt! Blumen in kleinen Gläsern stehen **bunt durcheinander** auf dem Geburtstagstisch. **Plüschige Pompons** hängen von der Zimmerdecke.

REGENBOGENKUCHEN

1 Den Ofen auf 180° vorheizen. Die Butter mit dem Zucker cremig schlagen. Die Eier nach und nach unterrühren.

2 Das Mehl mit Backpulver und 1 Prise Salz mischen, unter die Butter-Ei-Mischung rühren. Zum Schluss Milch und Puddingpulver unter den Teig mischen.

3 Den Teig in zwei Teile teilen. Eine Hälfte mit der Lebensmittelfarbe knallrot, die andere giftgrün einfärben. Die Form fetten und mit Mehl ausstäuben. Zuerst den grünen Teig in die Form füllen, den roten Teig auf den grünen geben. Mit einem Messer durch beide Teige ziehen, sodass sie sich wie bei Marmorkuchen etwas mischen. Den Kuchen im Ofen (Mitte, Umluft 160°) 50 Min. backen.

4 Den Kuchen aus dem Ofen nehmen, abkühlen lassen und auf ein Gitter stürzen. Inzwischen die Schokolade über dem heißen Wasserbad bei mittlerer Hitze schmelzen. Die gelbe Farbe einrühren und die Schokolade sonnengelb färben. Mit einem Kochlöffel rühren, bis die Schokolade wieder cremig und homogen ist. Den Kuchen rundherum mit der gelben Schokolade glasieren. Mit Smarties und Zuckerstreuseln verzieren. Kerzen in den Kuchen stecken – fertig!

Varianten:

Natürlich schmeckt der Kuchen auch mit weißer oder brauner Schokoglasur, wenn Sie nicht färben wollen.

Zutaten für 1 Springform von 26 cm Ø (12 Stück):
150 g weiche Butter
150 g Zucker
4 Eier (Größe M)
300 g Mehl
1 Päckchen Backpulver
Salz | 100 ml Milch
2 Päckchen Vanillepuddingpulver
je 1 Tube Lebensmittelfarbe in rot, grün und gelb
Butter und Mehl für die Form
Für die Glasur:
300 g weiße Schokolade
bunte Smarties und Zuckerstreusel
Außerdem:
bunte Kerzen

Zubereitung: 20 Min.
Backen: 50 Min.

PINK-GELB
GESTREIFTER SMOOTHIE

Für 6 Gläser à 300 ml Inhalt:
3 reife Mangos ++ 500 g Joghurt ++ 200 ml Milch ++
500 g Himbeeren (TK-Produkt) ++ 4 EL Honig
Außerdem: 6 grüne Trinkhalme

Zubereitung: 15 Min.

1 Die Mangos schälen. Das Fruchtfleisch vom Kern schneiden
und mit 250 g Joghurt und 100 ml Milch pürieren.

2 Die Himbeeren auftauen lassen und mit dem restlichen
Joghurt, der übrigen Milch und dem Honig pürieren. Abwechselnd Mango- und Himbeerdrink in die Gläser füllen,
sodass pro Glas je 2 gelbe und 2 pinkfarbene Schichten
übereinander liegen. Die Smoothies mit grünen Trinkhalmen servieren.

FÜR JEDEN GAST:

EIN STRAUSS KUCHEN-LOLLIS

Für ca. 24 bunte Lollis:
1/2 Rezept Teig von Seite 104
100 g weiche Butter
150 g Frischkäse
150 g Puderzucker
200 g Zartbitterschokolade
bunte Zuckerstreusel oder
   Nonpareilles (Zuckerkügelchen)
Außerdem:
24 Zahnstocher oder Lolli-Stiele
   (gibt's im Fachhandel)
6 bunte Bänder

Zubereitung: 30 Min.
Kühlen: 1 Std.
Verzieren: 15 Min.

1 Den Teig wie auf Seite 104 beschrieben zubereiten und backen. Den gebackenen Teig auskühlen lassen und mit den Händen fein zerkrümeln oder mit dem Blitzhacker fein mahlen.

2 Die Butter mit Frischkäse und Puderzucker cremig rühren. Die Creme mit den Kuchenbröseln verkneten. Mit einem Esslöffel jeweils etwas Teig abstechen und mit den Händen zu Kugeln formen (es sollten 24 Stück werden). Die Kugeln auf Backpapier legen und für ca. 1 Std. in den Kühlschrank stellen.

3 Die Schokolade über dem Wasserbad bei mittlerer Hitze schmelzen lassen. In jede Kuchenkugel 1 Zahnstocher oder 1 Lolli-Stiel stecken und die Kugeln in die flüssige Schokolade tauchen. Anschließend in den Zuckerstreuseln wälzen und auf Backpapier trocknen lassen.

4 Je 4 Kuchen-Lollis zu einem bunten Strauß zusammenbinden und an die Gäste verteilen.

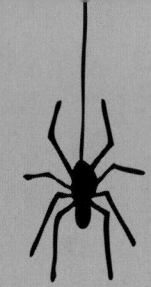

HAPPY HALLOWEEN

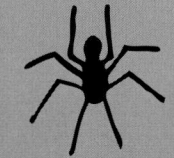

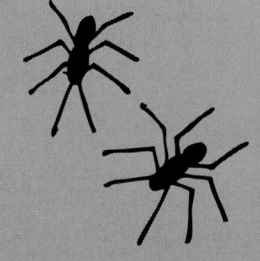

Was wäre eine Halloween-
Feier ohne Gespenster und Hexen, die
mit »Buh« und »Huh« und krächzender Stimme
Nachschub für die hungrigen Mägen fordern? Damit
es den Mamas und Papas nicht allzu sehr gruselt,
stehen für das gesamte Gruselkabinett Chips mit
blutrotem Dip, Gruseltörtchen und sogar
eiskalte Hexen auf dem Tisch!

STÄRKUNGSSUPPE FÜR GEISTER UND VAMPIRE

Für 6 Hui-Buhs:
2 Bund Suppengrün
1 kg Hähnchenklein
300 g Hähnchenbrustfilets
500 g lange dünne Suppen-
nudeln (Fadennudeln)
Salz | Pfeffer
1 Bund Schnittlauch

Zubereitung: 15 Min.
Garen: 1 Std. 30 Min.

1 Suppengrün waschen, putzen, schälen und klein hacken. Das Hähnchenklein abspülen. Mit ca. 2 l Wasser und dem Suppengemüse in einem großen Topf aufsetzen und zum Kochen bringen. Die Suppe bei mittlerer Hitze ca. 1 Std. leicht kochen lassen. Das Hähnchenklein herausnehmen und wegwerfen. Die Suppe noch 30 Min. weiterkochen.

2 Die Hähnchenbrust waschen, trocken tupfen und in kleine Würfel schneiden. Die Hähnchenwürfel 20 Min. vor dem Servieren in der Suppe mitkochen. Die Nudeln nach Packungsangabe ca. 5 Min. vor dem Servieren in die Suppe geben. Die Suppe mit Salz und Pfeffer würzen.

3 Den Schnittlauch waschen, trocken schütteln und in Röllchen schneiden. Die Suppe in Suppenschalen füllen und mit Schnittlauch bestreuen.

4 Nach einem ganz und gar gruseligen Fest, kurz vorm Nachhausegehen, können sich die kleinen Geister noch an der Suppe stärken.

Meine Gäste
Mein Party-Motto
Deko für die Motto-Party
Das gibt's zu essen und zu trinken
Die passenden Spiele + Aktivitäten

PLANEN UND VORBEREITEN
1 Tag vor der Party:
Die Hühnerbrühe für die Suppe kochen
Blutroten Dip vorbereiten
Gruseltörtchen zubereiten
Spinnenäpfelchen zubereiten
Am Tag der Party:
Suppe mit Hähnchenbrust und Nudeln kochen
Kleine Gespenster zubereiten
Chips zum blutroten Dip backen
Kalte Hexe zubereiten

Gruseln macht so richtig Spaß! Deswegen lieben kleine Hexen, Teufel und Gespenster gruselige Mini-Häppchen!

KLEINE GESPENSTER

Für 6 hungrige Kinder:
12 Wiener Würstchen
24 Zahnstocher

Zubereitung: 15 Min.

1 Die Würstchen halbieren. Jede ange-schnittene Seite zweimal mit einem Messer ca. 3 cm tief einschneiden. Mit einem spitzen Messer in die runden Enden je 2 Augen und 1 Mund schneiden.

2 Einen Topf mit Wasser aufsetzen und erhitzen. Vom Herd nehmen, wenn das Wasser kocht. Die Gespensterchen im heißen Wasser zugedeckt 3–5 Min. er-hitzen. Die Gespensterchen auf Zahnsto-cher stecken und warm servieren.

CHIPS MIT BLUTROTEM DIP

Für 6 furchtlose Kinder:
2 Packungen Tortillafladen
  (Weizenfladen)
200 g Emmentaler,
  frisch gerieben
1 EL Paprikapulver
Für den Dip:
300 g Pizzatomaten
5 EL Tomatenmark
1 EL Zucker
1 TL mildes Currypulver
Salz | Pfeffer

Zubereitung: 15 Min.
Backen: 15 Min.

1 Den Backofen auf 180° (Umluft 160°) vorheizen. Ein Backblech mit Backpa-pier belegen. Die Tortillafladen in kleine Dreiecke schneiden. Den Käse mit dem Paprikapulver mischen. Die Chips auf das Backblech legen und im Ofen (Mitte) in ca. 10 Min. knusprig rösten.

2 Das Blech aus dem Ofen holen und die Chips mit dem Käse bestreuen. Die Chips noch einmal 3–5 Min. im Ofen backen, bis der Käse anfängt zu schmelzen.

3 In der Zwischenzeit die Tomaten mit Tomatenmark, Zucker und Currypulver verrühren. Mit Salz und Pfeffer abschme-cken. Den Dip in kleine Schälchen füllen und zu den Chips servieren.

DEKOTIPP
Orange und schwarz
sind die Farben für eine echte
Halloween-Party. Selbst geschnitzte
Grusel-Kürbisse mit flackerndem Licht
leuchten den **Gespenstern** den Weg.
Plastikspinnen und **Käfer** auf dem
Tisch erschrecken die abgebrüh-
testen **Hexen.** Die Girlande mit
weißen **Gespenstern** sieht
fast zu süß zum
Gruseln aus.

GRUSELTÖRTCHEN

1 Den Backofen auf 180° vorheizen. Den Kürbis fein raspeln. Die Butter mit dem Zucker cremig schlagen, die Eier nach und nach unterrühren. Die Kürbisraspeln mit Mehl, Nüssen, Zimt, 1 Prise Muskat und Backpulver mischen und alles unter den Teig rühren.

2 Die Papierförmchen in die Muffinmulden setzen und bis knapp unter den Rand mit Teig füllen. Die Törtchen im Ofen (Mitte, Umluft 160°) 35–40 Min. backen.

3 Inzwischen für die Gespenster die Ei-weiße mit 1 Prise Salz und dem Zucker steif schlagen und in einen Spritzbeutel füllen. Ein Backblech mit Backpapier belegen und 12 Mini-Gespenster in Muf-fingröße auf das Blech spritzen.

4 Die Törtchen aus dem Ofen nehmen und abkühlen lassen. Währenddessen den Ofen auf 160° (Umluft 140°) herun-terschalten und die Gespenster im Ofen (Mitte) ca. 30 Min. backen, dann heraus-nehmen und abkühlen lassen.

5 Die Schokolade über dem heißen Was-serbad schmelzen. Die Törtchen aus den Formen lösen und großzügig mit Scho-kolade bestreichen. Etwa 1 EL aufheben.

6 Die Schokolinsen mit der restlichen Schokolade als Augen auf die Gespens-ter kleben. Die abgekühlten Gespenster-chen auf die Törtchen kleben.

Für 12 unheimliche Stück:
400 g Hokkaido-Kürbis,
  geputzt gewogen
100 g weiche Butter
100 g Zucker
4 Eier (Größe M)
150 g Mehl
100 g Haselnüsse, gemahlen
2 TL Zimtpulver
Muskatnuss
2 TL Backpulver
Für die Gespenster:
2 Eiweiß | Salz
100 g Zucker
Außerdem:
1 Muffinblech mit 12 Mulden
12 Papierbackförmchen
Spritzbeutel
200 g Zartbitterschokolade
24 braune Schokolinsen

Zubereitung: 40 Min.
Backen: 1 Std. 10 Min.

Schokonasen und Mund aus Schokolade formen, Hexengesicht verzieren.

EISKALTE HEXE

Für 6 Gläser à 300 ml Inhalt:
50 g Zartbitterschokolade ++ 6 Eiswaffeltüten ++
1 ½ l Orangensaft ++ 12 runde Eiswaffeln (ca. 8 cm Ø –
sie müssen größer als die Gläser sein) ++
250 ml Vanilleeis ++ 12 Schokolinsen

Zubereitungszeit: 30 Min.

1 Die Schokolade über dem heißen Wasserbad bei mittlerer
Hitze schmelzen lassen. Die Ränder der Eiswaffeltüten in
die Schokolade tauchen und die Eiswaffeln so auf 6 runden
Waffeln zu einem Hexenhut kleben.

2 Ein 10 x 10 cm großes Stück Backpapier zu einem Spritzbeutel rollen, die Spitze dünn abschneiden. Die restliche
Schokolade in den Beutel füllen und 6 Hakennasen und
6 Münder auf ein weiteres Stück Backpapier spritzen.
Beides fest werden lassen.

3 Den Orangensaft in die Gläser füllen. Auf jedes Glas 1 leere
runde Eiswaffel legen.

4 Auf jede Eiswaffel 1 Kugel Eis setzen. Aus Schokolinsen,
Schokonase- und Mund ein Hexengesicht in die Eiskugel
stecken und den Hexenhut schief draufsetzen. Die kalte
Hexe sofort genießen.

FÜR JEDEN GAST:

SPINNEN-ÄPFELCHEN

Für ca. 6 gruselige Äpfel:
6 kleine Äpfel
400 g Zartbitterschokolade
grüne Gummischnüre
6 bunte Smarties
Außerdem:
1 Schaschlikspieß

Zubereitung: 25 Min.

1 Die Äpfel gründlich waschen. Die Stiele entfernen. Die Bitterschokolade über dem heißen Wasserbad bei mittlerer Hitze schmelzen.

2 Ein Backblech mit Backpapier belegen. Die Äpfel nacheinander am Blütenansatz auf einen Schaschlikspieß spießen und in die Schokolade tauchen. Auf das Backpapier stellen, den Spieß vorsichtig herausziehen und die Äpfel trocknen lassen. Kurz bevor die Schokolade ganz fest ist, pro Apfel Gummischnüre als Spinnenbeine zurechtschneiden, man braucht 24 Stück.

3 8 Spinnenbeine rund um den Stängelansatz aufsetzen. Je 1 Smartie obenauf in den Ansatz kleben, evtl. dafür restliche Schokolade verwenden. An jedes Party-Gespenst 1 Spinnenäpfelchen verteilen.

SCHOKOLADE SATT

Welches Kind freut sich da nicht wie ein
Honigkuchenpferd? Eine Einladung zur Schokoladen-
party! Heute dreht sich alles um die süß-köstliche Lieblings-
nascherei, die sich als Mousse, Kuchen und Milchshake
verkleidet. Und hinterher, wenn's hoffentlich noch
reinpasst, gibt's nicht ganz so süße
Mini-Calzönchen.

Für den richtigen Genuss muss Schokolade Stück für Stück auf der Zunge zergehen. Deshalb gibt's hier alles im Häppchen- oder Miniformat.

SCHOKOMOUSSE IM GLAS

Für 6 kleine Gläser:
100 g Sahne
200 g Magerquark
2 EL Zucker
2 Päckchen Vanillezucker
100 g Zartbitterschokolade
1 Packung Schokotröpfchen

Zubereitung: 15 Min.
Kühlen: 1 Std.

1 Die Sahne steif schlagen und mit dem Quark verrühren. Die Creme mit Zucker und Vanillezucker süßen. Die Schokolade über dem heißen Wasserbad bei mittlerer Hitze schmelzen lassen und unter die Creme heben. Die Schokotröpfchen unterrühren.

2 Die Mousse in 6 kleine Gläser füllen und im Kühlschrank fest werden lassen. Vor dem Servieren bunte Zuckerstreusel darüberstreuen und kleine Löffel in die Mousse stecken.

MINI-SCHOKO-PANCAKES

Für ca. 30 süße Häppchen:
2 Eier (Größe M)
Salz
200 g Mehl
120 g Zucker
200 ml Milch
4 EL Kakaopulver
1 TL Backpulver
1 EL Butter
300 ml Vanilleeis
Außerdem:
12 Zahnstocher

Zubereitung: 25 Min.

1 Die Eier trennen. Die Eiweiße mit 1 Prise Salz steif schlagen. Eigelbe mit Mehl, Zucker, Milch, Kakao und Backpulver zu einem glatten Teig rühren. Den Eischnee unter den Teig heben.

2 Die Butter in der Pfanne auf mittlerer Stufe erhitzen. Mit einem Esslöffel ca. 5 cm große Mini-Pfannkuchen in die Pfanne geben und von beiden Seiten backen. Je 5 Mini-Pancakes auf einen Zahnstocher spießen und mit 1 Kugel Vanilleeis servieren.

Speed-Tipp:
Die Pfannkuchen schon vor der Party machen und im Backofen bei 60° warm halten.

I ♥ Schoko

DEKOTIPP

Schokobraun wird aufgepeppt durch pink und gelb. Gelbe Servietten passen gut zu pinkfarbenen Kerzen. Mit flüssiger **Schoko**lade geschrieben: Teller mit dem Namen des Gastes. Was man nicht alles in **Schoko**lade tauchen kann: Kirschen, Äpfel, Zitronen… Alles, was man mag, liegt in **Schoko**ladenversion als Deko auf dem Tisch.

Damit es keinem Gast von zu viel Schokolade schlecht wird, gibt's auch etwas Pikantes! Und davon dürfen es ruhig zwei für jeden sein.

CALZÖNCHEN AUS DER MUFFINFORM

1 Den Backofen auf 200° (Umluft 180°) vorheizen. Den Pizzateig ausrollen und je 12 Kreise à ca. 12 cm Ø und à ca. 7 cm Ø ausstechen. Die Mulden des Muffinblechs mit 1 EL Öl auspinseln. Die größeren der Teigkreise in die Mulden legen und drücken, sodass ein kleiner Rand übersteht. Die anderen 12 Teigkreise beiseitelegen.

2 Die Tomaten mit Zucker, Kräutern, Salz und Pfeffer mischen. Den Mozzarella in kleine Stücke zupfen. Den Schinken und die Salami in kleine Würfel schneiden.

3 Auf jeden Teigboden 1 EL Tomatensauce geben. Mozzarella, Schinken und Salami gleichmäßig darauf verteilen.

Die 12 kleineren Teigkreise als Deckel auf die Füllung legen und die Ränder von Boden und Deckel zusammendrücken. Die Calzönchen mit 1 EL Olivenöl bepinseln und im Ofen (Mitte) 15–20 Min. backen.

4 Die Calzönchen mit einem Esslöffel aus der Form lösen und sofort servieren.

Tipp:
Teigreste zusammenkneten, ausrollen und auf ein mit Backpapier ausgelegtes Blech legen. Die Tomatensauce und Zutaten nach Geschmack oder Vorrat belegen imd 10–15 Min. backen (je nach Dicke des Teigs).

Für 12 kleine Mini-Calzönchen:
2 Packungen rechteckiger Pizzateig (Kühlregal à 400 g)
2 EL Olivenöl
200 ml passierte Tomaten
1 EL Zucker
2 EL italienische Kräuter, getrocknet (z.B. Oregano, Basilikum, Thymian)
Salz | Pfeffer
2 Kugeln Mozzarella
150 g gekochter Schinken
150 g Salami
Außerdem:
1 Muffinblech mit 12 Mulden

Zubereitung: 30 Min.
Backen: 20 Min.

SCHOKOKUCHEN

1 Den Backofen auf 180° vorheizen. Die Schokolade und die Butter über dem heißen Wasserbad bei mittlerer Hitze zerlassen. Den Zucker mit den Haselnüssen und dem Mehl mischen.

2 Die Eier mit der geschmolzenen Schokoladen-Butter verrühren. Mehl und gemahlene Nüsse unterrühren.

3 Den Quark mit dem Vanillezucker glatt rühren. Die Form fetten und mit Mehl bestäuben. Den Schokoladenteig in die Form geben. Die Quarkcreme in Tupfen auf dem Teig verteilen. Den Schokokuchen im Ofen (Mitte, Umluft 160°) 40–45 Min. backen.

Variante: Marshmallow-Schokokuchen
Bereiten Sie den Kuchen wie oben beschrieben zu, jedoch ohne Quarkcreme. Nach ca. 35 Min. Backzeit 10 Marshmallows leicht in den Kuchen drücken. Den Schokokuchen in weiteren 10 Min. fertig backen. Dabei schmelzen die Marshmallows und schmecken im Schokokuchen einfach wunderbar.

**Für 1 Springform
von ca. 26 cm Ø (12 Stück):**
300 g Zartbitterschokolade
150 g Butter
150 g brauner Zucker
200 g gemahlene Haselnüsse
6 EL Mehl
5 Eier (Größe M)
200 g Magerquark
2 Päckchen Vanillezucker
Butter und Mehl für die Form

Zubereitung: 20 Min.
Backen: 45 Min.

Meine Gäste

Mein Party-Motto
Deko für die Motto-Party

Das gibt's zu essen und zu trinken

Die passenden Spiele + Aktivitäten

PLANEN UND VORBEREITEN

1 Tag vor der Party:
Schokokuchen backen – er schmeckt nach einem Tag im Kühlschrank noch besser
Am Tag der Party:
Vormittags Schokomousse zubereiten und kalt stellen
Mini-Pancakes zubereiten
Mini-Calzönchen vorbereiten und vor dem Abendessen in den Ofen schieben
Milchshakes mixen
Schokofrüchte am Spieß gemeinsam mit den Gästen zubereiten

SCHOKO-MILCHSHAKE

Für 6 Gläser à 300 ml Inhalt:
2 reife Bananen ++ 400 ml Schokoladeneis ++ 800 ml fettarme Milch (1,5 % Fett)
Außerdem:
Schoko- oder Zuckerstreusel ++ 6 Trinkhalme

Zubereitung: 10 Min.

1 Die Gläser zum Kühlen in den Kühlschrank stellen.

2 Die Bananen schälen. Das Eis mit der Milch und den Bananen im Mixer cremig mixen. Den Shake in die Gläser füllen
und mit Schoko- oder Zuckerstreuseln bestreuen. Den
Schoko-Shake mit Trinkhalmen servieren.

Früchte in Schokolade tauchen und verzieren

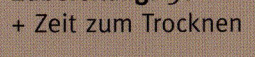

FÜR JEDEN GAST:

SCHOKOFRÜCHTE AM SPIESS

1 Ein Backblech mit Backpapier belegen. Das Obst in Scheiben oder Würfel schneiden. Erdbeeren ganz lassen, Mandarinen in Spalten teilen. Die dunkle und die weiße Schokolade getrennt über dem heißen Wasserbad bei mittlerer Hitze schmelzen lassen.

2 Die Früchte kunterbunt auf Zahnstocher stecken und nach Belieben in die dunkle bzw. weiße flüssige Schokolade tauchen. Mit Zuckerperlen, Krokant oder Kokosflocken verzieren. Die Spieße auf Backpapier im Kühlschrank trocknen lassen.

Für 6 Naschkatzen:
ca. 2 kg frisches Obst der Saison (z. B. Erdbeeren, Bananen, Äpfel, Birnen, Mandarinen, Ananas)
200 g Zartbitterschokolade
200 g weiße Schokolade
Außerdem:
Zahnstocher
bunte Zuckerperlen
Krokant
Kokosnussflocken

Zubereitung: 30 Min.
+ Zeit zum Trocknen

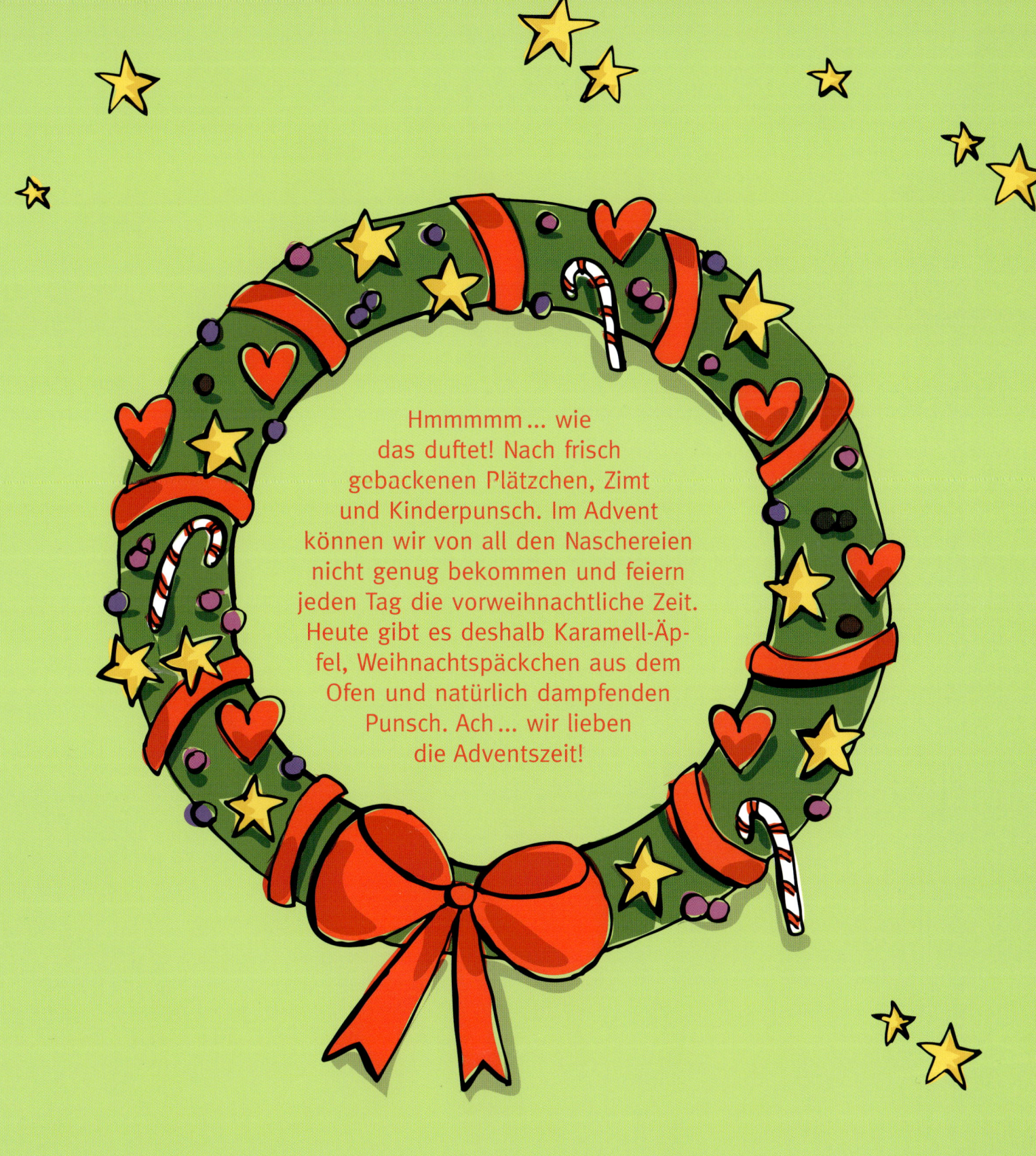

Hmmmm... wie
das duftet! Nach frisch
gebackenen Plätzchen, Zimt
und Kinderpunsch. Im Advent
können wir von all den Naschereien
nicht genug bekommen und feiern
jeden Tag die vorweihnachtliche Zeit.
Heute gibt es deshalb Karamell-Äpfel, Weihnachtspäckchen aus dem
Ofen und natürlich dampfenden
Punsch. Ach... wir lieben
die Adventszeit!

Teig zu kneten, auszurollen, auszustechen, zu backen und zu verzieren –
das macht dem Geburtstagskind Spaß! Teignaschen nicht vergessen!

LIEBLINGSPLÄTZCHEN

1 Mehl, Kakao und Puderzucker mischen.
Die Butter in Flöckchen schneiden und
mit der Sahne zum Mehl geben. Alles zu
einem glatten Teig kneten. Den Teig in
Frischhaltefolie für 1 Std. in den Kühlschrank legen.

2 Den Backofen auf 160° (Umluft 140°)
vorheizen. Zwei Backbleche mit Backpapier belegen. Den Teig auf der bemehlten Arbeitsfläche dünn ausrollen. Mit

den Ausstechern verschiedene Motive
ausstechen und auf das Blech legen.
Die Plätzchen im Ofen (Mitte) pro Blech
10–12 Min. backen.

3 Inzwischen die Schokolade über dem
heißen Wasserbad schmelzen. Die Plätzchen auskühlen lassen, mit Schokola-
denglasur bestreichen und mit bunten
Zuckerperlen verzieren.

Für ca. 50 Stück:
300 g Mehl
2 EL Kakaopulver
100 g Puderzucker
100 g kalte Butter
6 EL Sahne
100 g Zartbitterschokolade
Außerdem:
Mehl für die Arbeitsfläche
verschiedene Ausstecher
bunte Zuckerstreusel

Zubereitung: 25 Min.
Kühlen: 1 Std.
Backen: 12 Min. pro Blech
Verzieren: 20 Min.

KARAMELL-ÄPFEL

1 Die Äpfel waschen, mit einem Apfel-
ausstecher die Kerngehäuse entfernen
und die Äpfel quer in ca. 1 cm dicke
Scheiben schneiden. Ein Backblech mit
Backpapier belegen, die Apfelscheiben
auf das Blech legen.

2 Den Backofen auf 160° (Umluft 140°)
vorheizen. Das Marzipan in sehr kleine
Würfel schneiden und mit den Nüssen, dem Honig und Zimt mischen.

Ein bisschen von der Masse auf jeder
Apfelscheibe verteilen. Zum Schluss den
Zucker über die Äpfel geben. Die Äpfel
im Ofen (Mitte) 25–30 Min. überbacken
und karamellisieren lassen. Die Karamell-
Äpfel heiß servieren.

Das schmeckt dazu: Zimteis
Dafür 300 ml Vanilleeis antauen lassen
und mit 2 EL Zimt cremig rühren. Wieder
einfrieren und zu den Äpfeln servieren.

Für 6 Schleckermäulchen:
6 kleine Äpfel
100 g Marzipanrohmasse
100 g Haselnusskerne, gehackt
3 EL Honig
2 TL Zimtpulver
100 g brauner Zucker

Zubereitung: 20 Min.
Backen: 30 Min.

WEIHNACHTSPÄCKCHEN AUS DEM OFEN

1 Den Backofen auf 200° vorheizen. Die Kartoffeln und die Möhren schälen und mit dem Gemüsehobel dünn hobeln. Die Äpfel schälen, vierteln, entkernen und in dünne Scheiben schneiden. Sechs Stück weißes Backpapier (ca. 30 x 30 cm, geht auch mit braunem Papier oder Alufolie) bereitlegen und die Kartoffeln mit den Möhren und Äpfeln in der Mitte der Folien verteilen. Von allen Seiten einen Rand hochklappen.

2 Die Sahne mit Zimt, 1 Prise Muskat, Salz und Pfeffer würzen und über das Gemüse geben. Zum Schluss je 1 EL Käse über das Gemüse streuen. Die Folien fest verschließen, die Paketschnur wie ein Geschenkband um die Päckchen binden und die Päckchen auf ein Backblech setzen. Die Päckchen im Ofen (Mitte, Umluft 180°) 25–30 Min. garen.

3 In der Zwischenzeit je 2 Cocktailtomaten auf 1 Rosmarinzweig stecken. Die Päckchen aus dem Ofen holen und 1 Zweig an jedes Päckchen stecken. Die Weihnachtspäckchen sofort servieren.

Für 6 Päckchen:
600 g festkochende Kartoffeln
300 g Möhren
3 Äpfel
150 g Sahne
1 TL Zimtpulver
Muskatnuss | Salz | Pfeffer
100 g Emmentaler,
  frisch gerieben
Außerdem:
Paketschnur (keine Kunstfaser)
12 kleine Cocktailtomaten
6 große Rosmarinzweige

Zubereitung: 30 Min.
Backen: 30 Min.

Meine Gäste

Mein Party-Motto
Deko für die Motto-Party

Das gibts zu essen und zu trinken

Die passenden Spiele + Aktivitäten

PLANEN UND VORBEREITEN
1 Tag vor der Party:
Lieblingsplätzchen backen und verzieren
Lebkuchenteig zubereiten
Am Tag der Party:
Strudel backen
Karamell-Äpfel, Weihnachtspäckchen und
Punsch jeweils frisch zubereiten
Baumschmuck ausstechen, backen und verzieren

DEKOTIPP

Bunte persönliche Plätzchen sehen auf dem Tisch verteilt sehr schön aus: Auf **Sternchenplätzchen** mit Lebensmittelfarbe den Namen jedes Gastes schreiben. Kerzen in **roten Gläsern,** kleine **rote Äpfel,** Nüsse und bunte Christbaumkugeln mit **Tannenzweigen** arrangieren. Kleine Päckchen, Kerzen und Sterne hängen an der selbstgebastelten bunten Girlande.

WEIHNACHTLICHER STRUDEL

1 Den Backofen auf 180° (Umluft 160°) vorheizen. Die Äpfel waschen, vierteln, entkernen und die Viertel in kleine Würfel schneiden.

2 Die Spekulatius in einen Gefrierbeutel geben, fest verschließen und die Kekse mit einem Nudelholz fein zerstoßen. Das Puddingpulver mit Bröseln, Zucker und Zimt mischen. Die Apfelwürfel und Rosinen untermischen.

3 Ein feuchtes, gut ausgedrücktes Geschirrtuch auf der Arbeitsfläche ausbreiten. Die Hälfte des Strudelteigs daraufegen und mit 1/2 EL Öl bestreichen. Vom zweiten Strudelteig einen 5 cm breiten Rand abschneiden, aus diesem so viele Sternchen wie möglich ausstechen. Den restlichen Teig auf das erste Teigblatt legen und mit Öl bestreichen.

4 Die Strudelfüllung auf dem unteren Drittel der Strudelplatten verteilen. Dabei rechts und links einen 5 cm breiten Rand frei lassen. Die Ränder von rechts und links über die Füllung schlagen. Den Strudel vom unteren Ende her mithilfe des Geschirrtuchs aufrollen.

5 Ein Backblech mit Backpapier belegen. Den Strudel vom Küchentuch auf das Backblech gleiten lassen. (Die Teignaht sollte unten liegen.) Den Strudel mit Milch bestreichen, die Teigsternchen rundherum auf den Strudel kleben. Den Strudel im Ofen (Mitte) in ca. 30 Min. knusprig backen. Alle 5 Min. den Strudel mit etwas Milch bepinseln. Den fertigen Strudel auf dem Blech abkühlen lassen.

Das passt dazu:

100 g Sahne mit 2 EL Zucker und 1 TL Zimtpulver steif schlagen. Zum Strudel je 1 Klecks Sahne geben.

Variante:

Kinder lieben saftigen Blätterteig. Wenn Sie keinen Strudelteig im Supermarkt finden, können Sie auch Blätterteig verwenden.

Für 6 hungrige Kinder:
350 g Äpfel
150 g Spekulatiuskekse
2 EL Vanillepuddingpulver
2 EL brauner Zucker
3 TL Zimtpulver
3 EL Rosinen (wer mag)
2 Blätter Strudelteig à 200 g (TK oder vakuumverpackt)
Öl zum Bestreichen
100 ml Milch
Außerdem:
kleine Ausstecher in Sternform

Zubereitung: 30 Min.
Backen: 30 Min.

HEISSER KINDERPUNSCH

Für 6 Tassen oder hitzebeständige Gläser à 300 ml Inhalt:
4 Orangen ++ 4 Mandarinen ++ 3 Beutel Früchtetee ++
2 Zimtstangen ++ 4 Gewürznelken ++ 2 EL Honig

Zubereitung: 15 Min.

1 Die Orangen und Mandarinen auspressen. Die Teebeutel
mit 1 l kochendem Wasser aufgießen und nach Packungsangabe ziehen lassen.

2 Die Beutel aus dem Tee nehmen. Den Tee mit dem Saft in
einem Topf bei mittlerer Hitze warm halten. Zimtstangen
und Nelken im Punsch ziehen lassen und mit Honig süßen.

Die Aussttecher nach Lust und Laune verzieren

FÜR JEDEN GAST:

BAUMSCHMUCK

1 Den Honig mit Zucker und Butter erhitzen, bis alles zu einer glatten Masse einkocht. Vom Herd nehmen und abkühlen lassen.

2 Mehl, Lebkuchengewürz und Kakao mischen. Die Pottasche in 2 EL Wasser auflösen. Das Ei unter die Honigmasse rühren. Mehl und Pottasche dazugeben, alles mit den Knethaken des Handrührgeräts zu einem festen zähen Teig kneten. In Frischhaltefolie wickeln und bei Zimmertemperatur 12 Std. ruhen lassen.

3 Zwei Backbleche mit Backpapier belegen. Den Backofen auf 180° (Umluft 160°) vorheizen. Den Teig auf Mehl ca. 3 mm dick ausrollen. Mit den Ausstechern möglichst viele Figuren ausstechen. Jeweils in das obere Drittel mit dem Trinkhalm ein Loch stechen. Die Figuren auf das Backblech legen und im Ofen (Mitte) 12–15 Min. backen. Auskühlen lassen.

4 Die Eiweiße steif schlagen. Den Puderzucker nach und nach unterrühren, bis der Eischnee recht fest ist. In den Spritzbeutel geben und die Ränder der Lebkuchen damit verzieren. Auf den Zuckerguss Naschereien kleben. Gut trocknen lassen. Zum Aufhängen bunte Bänder durch die Öffnung ziehen und die Enden mit einer Schleife zuknoten.

Für 30–40 Stück:
200 g Honig | 200 g Zucker
80 g Butter | 500 g Mehl
3 EL Lebkuchengewürz
1 EL Kakaopulver
2 TL Pottasche
1 Ei (Größe M)
Mehl für die Arbeitsfläche
Für den Zuckerguss:
2 Eiweiß
500 g Puderzucker
Außerdem:
große Ausstecher in weihnachtlichen Formen
1 Trinkhalm
Spritzbeutel mit kleiner sternförmiger Öffnung
bunte Naschereien wie Gummibärchen, Smarties, Nüsse etc.
bunte Bänder

Zubereitung: 45 Min.
Ruhen: 12 Std.
Backen: 15 Min. pro Blech

KINDER IN DER KÜCHE – MITMACHEN MACHT SPASS!

Zu jedem Themenfest gibt es ein besonderes Schmankerl, das die kleinen Gäste unter Ihrer Anleitung selber kochen oder backen dürfen. Hier können die Mini-Küchenfeen und -Sterneköche nach Lust und Laune anrichten, ausstechen, verzieren und dekorieren und so ihr eigenes, ganz individuelles und leckeres Partygeschenk mit nach Hause nehmen.

Damit in der Küche keinem Partygast etwas passiert und kein Chaos entsteht, finden Sie hier die wichtigsten Dinge und Regeln für die fleißigen Helfer:

❤ Heute wird zwar ausgelassen gefeiert, doch ist die Küche kein Spielplatz, und Toben, Laufen, Schubsen und Spielen sind auch am Festtag tabu.

❤ So machen Sie es sich leicht: Stellen Sie benötigte Utensilien, Lebensmittel und Dekoartikel parat, und erklären Sie die jeweiligen Arbeitsschritte ganz genau. Ist Ihre Küche eher klein, reicht es, wenn dort immer nur zwei Kinder arbeiten. Die anderen Kinder können währenddessen am Esstisch Speisekarten oder Namensschilder schreiben und bemalen. Vielleicht können aber auch alle Kinder gemeinsam an einem Tisch im Sitzen werkeln. So wird keines vom langen Stehen unruhig und zappelig, sondern kann mit viel Geduld und Zuckerschrift die schönsten Naschereien verzieren.

❤ Hier kann jedes Kind mithelfen: Arbeitsflächen nach der Arbeit sauber machen und benutztes Küchenwerkzeug zu Spüle oder Spülmaschine bringen. Wer mag, kann auch große Teile wie Schüsseln oder Töpfe abwaschen.

❤ Damit auch die Kleinsten gut an der Arbeitsfläche arbeiten können, sollten Sie für einen festen Stand sorgen. Kippelige Hocker oder gar Stühle können vor lauter Eifer schnell nach hinten umfallen. Deshalb lieber ein Podest aus umgedrehten stabilen Kisten bauen.

❤ Kinderschürzen hat man meist nicht in mehrfacher Ausführung. Eine große Serviette oder ein Küchentuch kann dieselben Dienste leisten: Binden Sie sie mit einem breiten Band um den Kinderbauch.

❤ Toben, Spielen, Naschen... das hinterlässt Spuren an den kleinen Fingern. Deshalb sollte jeder vor und nach jedem Arbeitsschritt die Hände gründlich waschen.

❤ Vorsicht heiß! Achten Sie darauf, dass die Kinder nicht zu nahe an den heißen Herd oder Ofen gelangen. Am besten machen Sie die Kinder gleich am Anfang darauf aufmerksam.

❤ Lassen Sie die Kinder kleine Kärtchen mit ihrem Namen beschriften, und legen Sie die Kärtchen zu den dekorierten und verzierten Schleckereien. Das Namenskärtchen können Sie beim Verpacken mit einer Schnur befestigen. So bekommt jeder Gast auch ganz sicher seine eigenen Schätze mit nach Hause.

REGISTER NACH HAUPTZUTATEN

Zum Gebrauch

Damit Sie Rezepte mit bestimmten Zutaten noch schneller finden können, stehen im Register zusätzlich zu den Rezepttiteln auch Zutaten wie Äpfel oder Reis. Die Rezepte sind darunter dann ebenfalls alphabetisch geordnet.